# 魅力教师

曾军良　罗霞◎著

人民东方出版传媒
People's Oriental Publishing & Media

东方出版社
The Oriental Press

**图书在版编目（CIP）数据**

魅力教师 / 曾军良，罗霞 著 . — 北京：东方出版社，2022.4
ISBN 978-7-5207-2375-6

Ⅰ.①魅… Ⅱ.①曾…②罗… Ⅲ.①师资培养 Ⅳ.① G451.2

中国版本图书馆 CIP 数据核字（2021）第 181290 号

**魅力教师**

〔MEILI JIAOSHI〕

------------------------------------------------------------

作　　者：曾军良　罗　霞
责任编辑：徐　宁
责任审校：赵鹏丽
出　　版：东方出版社
发　　行：人民东方出版传媒有限公司
地　　址：北京市西城区北三环中路 6 号
邮　　编：100120
印　　刷：三河市中晟雅豪印务有限公司
版　　次：2022 年 4 月第 1 版
印　　次：2022 年 4 月第 1 次印刷
开　　本：710 毫米 ×1000 毫米　1/16
印　　张：13.5
字　　数：180 千字
书　　号：ISBN 978-7-5207-2375-6
定　　价：68.00 元
发行电话：（010）85924663　85924644　85924641

------------------------------------------------------------

# 目 录

# 序

　　新时代教师的重要使命，就是给每一个孩子提供公平而有质量的教育。有好的教师才有好的教育，教师能提供好的教育，才能扛起为党育人、为国育才的重任。近十年来，北实教师与时俱进，立体反思，读懂时代、读懂学生、读懂自己、读懂教育，从多维思考、全面改进、立体推进、自我超越，绽放出新时代北实教师的独特魅力，魅力教师给每个孩子提供最适合的教育。特级教师、教学副校长罗霞同志带领北实教师在魅力教师培养上作出了积极探索，取得了丰硕成果。《魅力教师》一书，正是北实魅力教师培养的结晶与魅力教育的升华。

　　德国著名教育家第斯多惠曾经指出："教育的艺术不在于传授本领，而在于激励、唤醒和鼓舞。"教师不仅是一种职业，更是一种精神与魅力的存在。魅力是一种修养，教师的魅力需要个人去修炼，更是影响众人的必备素养，教师需要这样一种素养，从而炼就真正有魅力的教师。有魅力的教师，首先要极具人格魅力。以人格培养人格是最简单、最明了，也是最有效的教育方法。教育界的人格，就是把社会主义精神文明要求人格化，通过人的个性来体现这种道德规范，这种人格化教育对青少年的影响深刻而久远；有魅力的教师，同时又极具学识魅力。教师的魅力在于睿智，一名充满魅力的教师，应该具有渊博的知识，古有"才高八斗，学富五车"，今有"学高为师，身正为范"，教师的文化形象是教师形象的核心；有魅力的教师，还要极具教学魅力，这是实现培育人才的重要途径；有魅力的教师，更应充满理想和追求，有追求才会有激情，激情与魅力同在，教育魅力与崇高事业同行。

教育激情产生教育魅力，教育魅力创造非凡成就。《魅力教师》一书，是我校魅力教育系列重要论著之一，整合了教师的人格魅力、学识魅力、教学魅力、管理魅力和艺术魅力，能使您更深层次地认识到教师魅力的重要性，可以在更广泛领域提升您的教育魅力。2016 年以来，我校干部、教师围绕魅力教育，借助新品牌学校创建的春风，从教育管理改革、创新教师培养等十个方面，开展 75 项教育实验改革，其中有 48 项获全国、市、区一等奖。尤其是在魅力管理、魅力教师、魅力课程、魅力课堂、魅力学生等方面，取得重大成果。实现从十五年的角度看教育、从十五年的角度办教育，通过第二个五年魅力教育综合改革，"北实"已经建成为中国基础教育普适品牌学校；学校成立学术督学委员会，围绕专题培训、研讨交流、总结反思等开展活动，促使骨干教师在工作中研究，在研究中创新，在创新中发展，实现员工价值和北实价值的共同提升。实施人才管理五大工程，培养魅力名师，建设学者型专家教师队伍，打造魅力教育发展共同体，为我校改革创新实验提供雄厚而强大的师资力量。学校现有特级教师 24 人，硕士、博士教师 100 余人，市区学带、骨干教师近百人，堪称"师德高品位、专业高学识、能力多方位、科研高水平、工作高成果"。学校教师在《人民教育》《中国教育报》《教育家》及各学科报刊上发表魅力课程和魅力课堂教学研究论文 300 余篇。中国当代教育家丛书《曾军良与魅力教育》《魅力教育义无反顾》《魅力教育向未来》《自觉成就魅力——给教师成长的建议》《魅力课堂》《魅力物理教学》等一系列魅力教育专著，全面、系统、创造性地论述了魅力教育教学新思想，不断推进魅力教育改革系列理论新思考。

新思想指引新征程。奋进新时代，研究新问题，提出新思路。正是因为有歌迷的存在，歌手才有自己的舞台。魅力课堂则是教师施展个人魅力的舞台，教师只有在课堂上展示出自己独特的魅力，学生才会崇拜你，进而欣赏你的课堂，学生的注意力便牢牢地集中在你的魅力课堂中，这就是教师的魅力。北实将进一步创新魅力教师的专业发展路径，从"双基"到三维目标，再到核心素养，聚焦教育关系的研究、课堂文化的建立，要不断撞击每一个成功的暗点，才能擦出成功的火花。通过学术委员会的学术报告，同一专题、同一素养在不同学段的主题研修，同课异构课例展示、专家点评等，完善魅力课堂体系，进一步激发教师的专业精神，不断促进魅力教师的专业化成长。要推进新课程新教材的研究，加强新课程教学的研究，不断提升学生的综合素养，落实立德树人。

总之，教育永远是一门留有遗憾的艺术，在教书育人的道路上，没有最好，只有更好。教师生长的空间是巨大的，教师要永远走在一条自我反思、自我奋进、自我创新、自我超越的道路上，创新无止境，拼搏正当时；修炼无尽头，魅力再添彩！教师每天再创新一点点，魅力就会大幅度提升。每天再改进一点点，人生就有大发展。每天再奋进一点点，魅力教育必将大放异彩。每天再奉献一点点，魅力北实必将创造新辉煌！我们一定能够办成一所"孩子向往、教师幸福、社会满意"的魅力学校，一定能够成功创建中国基础教育卓越品牌学校，为推动中国基础教育发展作出重要贡献！

曾军良

2021 年 8 月

# 第一章

## 魅力教师修炼之战略

百年大计，教育为本；教育大计，育人为本；育人大计，教师为本。因此，高水平、高层次的教师人才是学校教学科研、学科建设的领军人物，是学校教师队伍建设的领头人，是学校事业发展的关键人物。党的十八大报告指出，要加快人才发展体制机制改革和政策创新，形成激发人才创造活力、具有国际竞争力的人才制度优势，推动我国由人才大国迈向人才强国。要下大力气解决我国人才开发的质量、结构和效能问题，尽快形成我国人才竞争的比较优势，这是我们未来迈向人才强国的奋斗目标。

2011 年以来，北京实验学校处于转型发展、跨越发展的关键时期，我们致力于将其建设成为一所"设备现代化、队伍高水平、质量上优秀"的市区窗口校，并计划十年建成品牌学校，这一战略愿景已成为学校发展规划的指导思想。而要实现目标，除了政策、资金的支持外，丰富的人才资源储备也必不可少，因此如何打造一支能够引领和支撑北京实验学校高速发展的高素质人才队伍，是摆在学校面前的重要战略任务。为了认真贯彻落实全国人才工作会议精神，大力提高教师队伍整体素质，持续增强人才竞争的比较优势，学校特编制了人才队伍建设战略规划，高举旗帜聚人才，别具一格聚人才，海纳百川聚人才，综合运用聚人才，以实现人才强校。

# 一、战略背景

北京实验学校由原民国总理、著名教育家、慈善家熊希龄先生于 1920 年创办，是一所集幼儿园、小学、中学于一体的十五年一贯制公立学校，是历史悠久且具有优良传统的百年老校。作为海淀区首批高中示范校、北京市示范幼儿园，我校各学段的教师队伍具有优良的工作作风，是一支充满激情、热爱工作、甘于奉献、有大局意识的优良团队。随着时代的发展，我们有责任把学校的优良传统继续发扬光大，把学校打造成为在国内具有影响力的品牌学校，为社会培养更多优秀的人才。虽然我校规模日渐扩大，影响力逐步提高，发展势头喜人，但干部、教师队伍能否达到较高专业化水准，将制约学校的进一步发展。因此，我们必须注重以人为本，注重全面协调可持续发展，深入实施人才强校战略，加快建设一支高素质人才队伍，着力提升以人才优势为基础的核心竞争力，为学校远景规划的实现提供强有力的人才支撑与智力保证。

## （一）战略实施前人才队伍建设概况

北京实验学校拥有一支优秀的教师队伍，战略实施前有教职工 300 余人，其中特级教师 10 人，高级教师 46 人；博士研究生 4 人，硕士研究生 25 人、研究生课程班结业 61 人，双学士学位 2 人；获得区级以上学科带头人和骨干教师荣誉的教师近 50 人。这样的师资水平在一定程度上能够达到"师德高品位、专业高学识、能力多方位、科研高水平、工作高成果"的基本要求。

## （二）主要矛盾与问题

### 1. 教师队伍性别比例失衡，女教师占主体

从全国范围看，基础教育阶段男女教师比例正趋于平衡，男教师人数占教师总人数的 45.4%，略低于女教师人数。而我校男教师人数只占教师总人数的 18.1%，远远低于全国的平均值。

就教学效果看，男女教师没有明显差异，但从性别来看，无论是生理、心理特点，还是思维方式、行为习惯，男女教师都有着较大的差异。有的班级所有课程的授课教师全是女教师，因而学生的发展更多地受女教师的影响，缺少男教师的思维方式和行为习惯的影响。

### 2. 中年教师占主体，青年教师还有待加速成长

战略实施前我校的教师年龄状况不够合理。我校 26—35 岁的教师所占比例偏低，仅为 21.7%，而全国是 46.4%；36—45 岁的教师占 58.1%，全国则是 34.2%。因此，这一状况有待逐步调整。

中年教师拥有较长的教龄和丰富的课堂经验，他们中不乏优秀的学科带头人，这部分教师是学校不可或缺的骨干群体。但是，也有个别中年教师容易形成教育惯性思维，难以改变固有的教育理念与教学方式，课堂缺少活力与魅力。

我校年轻教师均经过严格的选拔，他们充满活力，专业知识比较扎实，和学生的关系更亲近，更容易接受新思想，进行教育新实验。他们进入学校

以后，虚心好学，谦逊有礼，富有进取精神，工作热情高，真正使学校的教学工作充满活力。而且，这些年轻教师在职前的教育培训是基本到位的，特别是师范院校的毕业生都系统学习过教育学、心理学原理、教材教法、教学技能和教育技术。但不可否认，他们需要在教师的基本功上下功夫，需要在教学内容和教学方式等方面进行探索。关于这些方面的提升，青年教师都可以在中年教师的帮助下实现。因此，我校致力于调控青年教师和中年教师的年龄结构，使之达到合理的比例。同时，也积极促进新老群体之间的交流，形成优势互补，使教师队伍的血液永葆新鲜。

### 3. 学历水平总体合格，但学位拥有率有待提高

近几年，我校通过引进人才、构建名师工程等为学校补充了师资队伍，为教育注入了新鲜血液。战略实施前我校教师学历合格率是100%，但是其中拥有学位的只占52.1%。可见，我校教师的学位获得比例依旧偏低。

### 4. 干部队伍年龄老化，专业程度普遍不高，亟待培养年轻干部

战略实施前我校的校级领导和幼小中各行政部门的干部普遍年龄偏大，平均年龄45岁。同时，我校干部队伍的专业程度也普遍不高。

我校拥有78个教学班，按照上级干部配备职数要求，我校可配备副校级领导7人，而实际上只有4人。在这4位校级领导中，本科学历拥有率为100%，获得特级教师称号的1人，具有中学高级职称的只有2人，2人仍为中级职称。幼小中各行政部门的主任、副主任可配备21人，战略实施前只有16人，其中具有中学高级职称的只有6人。因此，我校干部队伍亟待培养年轻人员，专业程度上也还需提升。

### 5. 干部、教师的教育教学智慧和创新能力有待提升

战略实施前我校在常规工作上能达到有效和有序。干部、教师能坚守工作岗位、喜爱本职工作，踏实肯干，有主人翁精神。学校的教育教学管理也非常到位，课堂教学整体有序进行。但不可忽视的是，教师队伍趋向"老龄化"，在教育教学方面的开放性和创新性上还很缺乏。

综上所述，我校以培养教育教学智慧型和创新型教师为目标，采取一系列措施促使干部和教师不断加强学习、探索研究，激发教师内动力，提升教育的智慧、教育的创新能力，以适应时代发展的需要，是很有必要的。

## 二、指导思想及原则

### （一）指导思想

坚持以人为本，树立科学的人才观，把促进学校和人的发展作为根本出发点和归宿，培养与引进并重、数量与质量并重，优化干部群体、教师群体和职工群体，紧紧抓住"培养、吸引、用好"人才三个环节，建立健全人才强校的支持体系，加大拔尖人才和名优教师队伍的建设力度，构筑人才高地，形成人才优势，以增强学校的核心竞争力，为促进学校快速、健康、可持续发展和全面实现"孩子向往、教师幸福、社会满意"的办学目标提供强有力的人才保证和智力支持。

## （二）基本原则

### 1. 科学人才观原则

实施人才强校，首先必须树立科学的人才观。对当下的学校而言，具有一定知识或能力且能够进行创造性的管理、教育、教学和服务等工作，能对学校的发展作出积极贡献的，就是我们需要的人才。

### 2. 全面发展原则

积极树立德才兼备的全面发展的人才理念。注重人才职业道德建设和理想信念教育，突出人才综合知识水平提升和专业技能培养，关心人才成长，以实现人的全面发展。

### 3. 人才优先原则

把人才作为学校发展的第一要素，并予以高度重视。首先，坚持以人为本，由一般人事管理过渡到市场经济体制下的人力资源管理。因为教师不再是拥有一定知识技能的"打工者"，而是具有人力资本的投资者。其次，将对人的静态管理转为动态管理，将消耗性的管理转为增值性的管理。这样，人才在以创造性劳动推动学校发展的同时，自身的资本也能实现增值。第三，综合考虑学校利益与教师利益，形成利益共同体。注重人才的培养和开发、人才潜力的挖掘，创造有利于人才脱颖而出的良好环境，建立和完善与之相适应的管理体制与制度，加大对人才的投资力度。

### 4. 以用为本原则

充分发挥各类人才的作用是人才工作的根本任务，如何"用好""用活"人才是我校亟待思考的问题，我们要积极完成培养人才和引进人才工作，为人才实现价值提供机会和条件。

### 5. 创新机制原则

把深化改革作为推动人才发展的根本动力，坚决破除束缚人才发展的思想观念和制度障碍，致力于构建与幼小中十五年一体相适应、有利于科学发展的人才发展体制机制，最大限度地激发人才的创新活力、创造智慧和创业激情。

### 6. 高端引领原则

拔尖人才在学校发展和人才队伍建设中起着至关重要的引领作用。因而，重点引进、培养一批特级教师、博士教师等优秀人才，统筹推进各类人才队伍建设是我校需要关注的问题。

### 7. 服务发展原则

服务学校发展是我校人才工作的根本出发点和落脚点，我们要紧紧围绕学校的发展目标，确定人才队伍的具体建设任务；要根据学校发展需要来制定各项人才政策，用学校发展成果来检验人才工作成效。

# 三、战略目标

## （一）总目标

建设一支适应学校改革和发展需要的、德才兼备的、堪称一流的教师、干部、职员队伍。

要完成这一总目标，需要从两方面着手：首先，每位教师均需做到师德高品位、专业高学识、能力多方位、科研高水平、工作高成果。其次，要使我校的特级教师、市区学科带头人和骨干教师、博士人数超过所有区级示范校以及绝大部分市级示范校，努力让每一位教师成为"学习型、研究型、智慧型"教师。

## （二）具体目标

### 1. 建设一流的干部群体（专家学者＋界内引领）

一流的干部群体即坚持"公、勤、谦、坦"标准，以博士、硕士（或课程班）、特级教师、高级教师为主体的干部群体。校级干部要成为教育教学某方面的优秀人才或管理方面的专家；校长要集专家、学者于一身，有创新思想以及开创新局面的能力，在社会上有较大影响。

### 2. 建设一流的教师群体（带头人群体＋骨干群体＋青年群体）

一流的教师群体即以优秀的特级教师、博士教师、区级以上学科带头人为主体的带头人群体，以高级教师和硕士学位（或课程班）为主体的优秀骨干教师群体和以学士学位为主体的优秀青年教师群体。

### 3. 建设一流的职员群体（专业技能 + 复合型人才）

一流的职员群体即建设教育、教学、教科研、电教、实验、学校办公室等部门的一流职员群体。职员群体要逐步形成以教育、管理、心理专业的学士为主，并有部分硕士研究生加入的专业队伍。职员要具有工作所需的外语水平和相应的技能水平，能逐步成为优秀的专业管理人才和技术工程师。此外，学校还会在部分中青年教师、职员中试行轮岗制度，着力培养既擅长教学又精于管理的复合型人才。

## 四、战略实施与保障

为了使人才培养能适应学校高速发展的时代要求，我校立足现实，统筹谋划人力资源管理工作，创新人力资源管理的各项制度和运行机制，力求把各类人才聚集到学校发展的各项工作中来。

### （一）战略实施

### 1. 统筹推进员工三大序列管理

学校的竞争就是人才的竞争，而人才的发展又依靠科学的用人机制。因此，为了提高教职员工的科学化管理水平，学校统筹推行了员工的三大序列管理，不仅为人才的成长和发展提供了体制保障，也有利于实现员工价值和学校价值的共同提升。

三大序列是干部序列、教师序列、职员序列的统称。具体而言，是指学校根据各类员工所从事的工作性质和职责范围的不同，将所有员工分别划归到干部序列、教师序列、职员序列中对应的职位或岗位。三大序列中的每个序列纵向各成体系，在序列内均构建起高层、中层、基层三个任职层次若干个任职级别的职位（岗位）分层分级递进通道；横向相互连接，在序列之间确立对应的职位转换关系。所有员工都可以通过干部、教师、职员三个序列进行职业发展规划，通过不同序列进入个人发展通道，实现职位晋升、岗位晋级，获得相应的职位级别待遇。在定机构、定岗、定编、定员的基础上，学校对三大序列各级人员的岗位进行合理设置，从严控制各级人员的职数和人数；制定三大序列各级人员的岗位说明书，确定每个岗位的职责和任职条件，作为人员录用、考核、培训、晋升等依据。

## 2. 全力实施四大工程

学校对当前重要而紧迫的人才工作，以专项工程的形式进行推动。

（1）高端拔尖型人才引进工程

将高精尖人才队伍的建设作为实施人才强校战略的重点，充分开发校内外人才资源，对外抓引进，对内抓培养，优化学校的人才结构。对外抓引进主要是聘请市内外、国内外的专家、学者和教授到校任教或引进其先进的思想，建立起学校高精尖人才的储备机制。具体方法如下：

①制定高端人才引进管理办法，明确引进高端人才的标准、方式方法和激励保障措施。

②本着"不求所有、但求所用，不求常在、但求常来"的原则，依托项目和课题，针对性地制定高端人才引进计划，加强与国内外科研机构、高等院校、行业领先学校的广泛联系，积极引进国内外各类优秀人才，特别是高端人才。

③积极与上级领导和高校及各大科研机构联系，争取在学校建立硕、博士工作站，吸引更多的人才来校学习、研究、工作。

④高端拔尖型人才可通过调入、兼职、咨询、讲学、科研、项目聘用、技术合作等柔性流动方式为学校服务。人才到学校后，实行固定聘任、流动聘任、项目合作、流动咨询、专项聘请等人才与项目相结合的柔性制度，担任项目首席专家、学科带头人、技术顾问等，可不转关系，两地共享，来去自由。

⑤对高端创新型人才实行协议工资制、提成工资制、项目工资制等多元化的薪酬分配制度。此外，还可以明码标价，实行课题招标、课题外包。

⑥为高端创新型人才提供科研启动经费和研发配套设施，根据本人意愿，在户口、住房、家属安置、交通等方面给予优待。

⑦对学校需要的人才进行统计筛选，确保引进人才的学术水平和项目质量，并制定引进人才的跟踪考核及绩效评估制度。

（2）教学人才开发吸纳工程

按工作需要，足额招聘年龄在40岁以下的优秀高级教师，年龄在30岁左右的本市优秀一级教师，优秀的应届硕士和学士毕业生（其中学士毕业的院校以211院校为主）。同时，制定教师管理办法和人才培养计划，明确教学人才开发吸纳的对象、标准、方式方法及激励保障措施。

（3）青年英才培养和开发工程

为保障人才有序接替，提升未来的人才竞争力，学校启动了青年英才培养和开发计划。这项工程通过培养一批进入学校满三年、35岁以下、高素质高潜质的优秀青年人才，旨在打造学校未来的高端人才。具体方法如下：

①制定青年英才培养管理办法，明确青年英才培养的标准、范围、方向、程序、方法及相关政策，按照严入口、小规模、重特色、高水平的原则，每年选拔一批有潜力的优秀青年教师进行专门培养。

②遵循育才多元化和前瞻性培养的原则，大胆起用青年英才担任负责人或骨干力量，促进青年英才快速、健康成长。

③做好青年英才的职业生涯规划，注重在教育教学、管理实践中锻炼青年英才的技能，增长其才干。

④通过外出深造、岗位轮换、内部兼职、在职辅导、专项培训等多种形式，不断提高青年英才的业务水平和综合素质。

（4）人才队伍素质提升工程

为了建成学习型学校，学校给教职员工创造了岗位成才的条件，如完善教职员工继续教育制度；分类制定教职员工定期培训办法；开展人才终身学习活动；倡导"干中学，学中干"，提高人才队伍整体素质；坚持"内培、外引，双管齐下"的原则等。学校通过这些措施，有计划、有步骤地培养了一批教学人才，对学校建立健全人才的培养提高机制起了推动作用。这些措施的主要内容有：

①培养博士：从 2012 年开始，选拔优秀的中青年教师脱产进修，攻读博士学位。鼓励和支持教师（年龄不限）读在职博士，培养的专业主要在教育、心理、学科教学等方面。

②培养硕士：鼓励和支持青年教师读在职硕士。

③访问学者：选派优秀学科带头人或中青年干部成为知名高校的访问学者。

④国内参访：安排全校 1/3 的教师在假期期间到国内名校进行参观访问。

⑤国外培训：每年选派 2—5 名优秀中青年干部和教师到国外进行管理或

外语方面的培训。

⑥跨校挂职：选派优秀青年干部到国内名校挂职锻炼。

⑦离职进修：选派中青年干部和教师参加省部级骨干校长和骨干教师培训。

⑧校本研究培训：全部专任教师参与课题研究、师徒教学、教师发展等培训。

⑨学术休假：为优秀干部、教师提供一定时间的带薪假期，以便他们整理经验、著书立说和进行新的研究计划等。

⑩资助出版：为优秀干部、教师高质量的教学书籍出版提供资助。

⑪购买国内大型教师学习、教学网站资源，构建"北实在线学习平台"，形成网络化、开放式、自主性的终身教育体系，为教职员工学习培训创造良好条件。

⑫树立所有高校、科研院所、中小学校都是培训基地的理念，放宽眼光、开拓思路，积极与高等院校、专业院所建立合作机制。

## 3. 系统优化四个工作机制

为了确保人才战略规划目标的有效实施，学校将加快改革和创新人才工作机制，建立健全相关管理制度和流程，持续提升学校人才队伍建设的整体水平。

（1）人才培养机制

根据各类人才的岗位系统、任职层级、职业发展方向等特点，对各类人才采取岗位培训、专项培训、外出深造、兼职锻炼、自主选学、网络教育、岗位轮换等培养方式。

①干部管理人才的培养

培养干部管理人才，要坚持做好任职基础、任职资格和在职研修三个阶段的培训学习，特别要围绕现代学校制度的建立，进一步加大法律、管理等知识的培训力度，适时选送优秀干部管理人才到国内外知名大学和知名学校进行培养和深造。以博士、硕士（或课程班）、特级教师、高级教师为主体，建设一流的干部群体。

②优秀教师群体的培养

围绕岗位基础、专业资质、专业拓展、应用研修等内容，不断优化知识结构；通过搭建创新平台，促进项目研发团队独立承担专项课题研究；通过实施专业技术职称评聘分离制度，建立适应学校发展需要和人才工作需要的学科带头人和学科骨干制度，赋予教师在教学方面的决策权，增强教师的归属感。

③职员群体的培养

培养职员群体，主要采取理论培训和实际管理相结合的方式。首先，通过开展名师带徒等活动，营造比、学、赶、帮、超的浓厚氛围，不断提升职员解决问题的实践能力。其次，增强职员的职业成就感，逐步使其成为优秀的专业管理人才和技术工程师。再次，在部分中青年教师、职员中试行轮岗制度，培养既擅长教学又精于管理的复合型人才。

（2）人才选拔任用机制

本着"德才兼备、以德为先、业绩选人、群众公认"的用人理念，根据学校发展对人才的需要，建立适应市场经济体制和现代学校制度要求的三大序列中高层人才选拔任用制度。创造公开、公正、公平的选人用人环境，畅通各类人才的发展通道，调动大家的工作积极性，把学校的发展与个人的成长融为一体。

①创新人才选拔任用方式，坚持市场配置与组织配置相结合，积极推行

公开招聘、竞争上岗制度，探索公推、公选、公示等竞争性选拔任用方式，扩大选人用人视野，重要岗位可公开招聘。

②对各类人员实施编制管理，从严控制职数设置，推行职位聘任制和任期制，明确职数设置标准、任职资格刚性条件和选拔任用程序。

③注重从基层和一线选拔各类人才，努力培养优秀年轻人才进入各级人才团队，形成老中青人才齐备的局面。

④建立各类人员能上能下、能进能退的管理制度，明确免职、解聘、撤职、辞职、退养的刚性条件，形成退出的常态机制。

⑤对管理人员推行定期交流制度，努力培养复合型人才。

⑥建立三大序列人才业绩档案，将各级各类人才的任职情况、培训情况、奖惩情况、综合考评结果等录入人才档案，作为人员任免、奖惩、推荐后备干部的重要依据。

⑦建立三大序列后备人才库，制定配套的使用、管理办法，加强与外部人才库的交流，在学校人才短缺的情况下，能够及时从外部人才库寻找合适的人才。

（3）人才考核评价机制

按照"管人与管事相结合、过程与结果相衔接"的管控要求，注重实践和贡献评价，制定以能力、业绩为导向，以岗位绩效考核为基础，区分人员类别层次的绩效考核的评价办法。以考核结果确定各类人才的薪酬、培训、晋级等，发挥绩效考评"指挥棒"与"航向标"的作用。

①针对不同序列人员，确定不同的考核评价内容。

②针对不同层级人员，采取不同的考核评价方式。

（4）人才流动配置机制

加强内部人才培养，发展网上人才市场，建立全国和国际公开招聘制度，畅通内部与外部人才交流合作的渠道，实现与外部人才市场的对接。

①围绕重点领域开展人才信息采集和供需预测及规划，定期发布紧缺人才需求信息。举办专场人才招聘活动，从各类高等院校、人才密集城市等积极吸纳优秀人才。

②拓宽人才吸纳渠道，与有劳务输出资质的人才交流市场、相关大学合作，建立实习基地和实习生考评选拔制度，从源头上保证人才的质量和数量。

③发挥鲶鱼效应，在员工上岗、培训、分配等方面引入竞争制度，推行内部用人公开招聘，建立起公开、公正、公平的人才配置机制，实现人岗匹配，为人才内部流动提供良好的环境。

④改进内部人才流动办法，探索内部柔性流动机制，鼓励人才向更有利于发挥作用的岗位流动，促进人才多方位发挥作用。

## （二）战略保障

### 1. 加强对人才战略规划实施工作的组织领导

为加强对规划实施工作的领导，确保各项目标和对策措施的全面实现和有效落实，学校成立了战略实施工作领导委员会。领导委员会的主要职责是对战略规划的实施进行统筹协调和宏观指导，对人才工作的重大事项和重大工程进行决策。

领导委员会主要成员包括：

主任：校长。

副主任：校务委员会其他成员。

成员：各部门主任、年级组长。

领导委员会下设办公室，办公室设在人力资源部。办公室的主要职责是制定战略规划年度分解计划，检查各项战略规划措施的实施进度，评估战略规划目标的实施效果，调研战略规划实施过程中出现的问题，向领导委员会定期汇报战略规划实施情况。

## 2. 健全人才激励保障机制

坚持物质激励与精神激励相结合，健全完善人才的分配、激励、保障制度，形成一整套支持人才成长、激发人才活力的激励保障机制。

（1）物质激励

用制度留住人才，对不同的人才施以不同的物质激励制度，使各类人才在不同的序列都可以成才。具体内容如下：

①建立以岗位绩效工资为主的基本工资制度，将员工工资收入与其岗位职责、工作业绩和实际贡献挂钩。

②完善福利制度，为各类人才提供津贴、医疗保险等多元化的福利待遇。

③启动创新团队、拔尖人才、学科带头人、青年学术骨干、教学名师支持计划，实施青年教师出国研修项目、国内进修项目和学历提升工程，采取强有力的支持措施，形成有利于优秀人才成长、有利于人才聚集的"人才小高地"，促进学校人才队伍建设的快速发展，提升学校在国内的学术地位和竞争能力。并定期召开人才工作会议，对作出突出贡献、取得各项成绩、获得各类荣誉表彰的优秀人才进行奖励。

④加大投入力度，通过建设特级教师公寓、提供保障房、发放安家费、提供科研经费、资助进修深造等途径，优化人才成长条件。

（2）事业激励

人力资源部将为各类人才进行职业生涯发展规划，实现以事业留住人才、激励人才，促进教职员工与北京实验学校共同发展。

（3）情感激励

以"尊重知识、尊重能力、尊重人才"为理念，通过各种渠道和方式，传递学校对教职员工的感激与关怀，体现对人才的尊重与信任，提高人才在学校中的地位，以感情留住人才。

（4）文化激励

充分发挥学校文化的作用，增进学校与人才之间的了解，力求将学校文化融入各类人才的思想中，使之成为其世界观、人生观、价值观的重要组成部分，为其提供强大的精神动力。

（5）环境激励

为人才提供安全、良好的工作生活环境和平等、公平的政策环境。

（6）评价激励

为教职员工制定一系列量化考核评价表，让教职员工可以明确自己的优点和缺点，积极进行改进，更好地实现自我提升。

## 3. 创造良好的人才成长环境和氛围

人才队伍建设和战略规划的有效实施，需要广大教职员工的理解和支持，需要良好的实施氛围。因而，各部门要加强舆论宣传和导向工作，采取多种形式宣传党和国家人才队伍建设的战略思想和方针政策，宣传学校实施战略规划的重大意义、指导思想、目标任务和各项措施，宣传科学的人才观和人才强校战略，宣传人才队伍建设成就和优秀人才典型，努力形成"尊重劳动、尊重知识、尊重人才、尊重创造"的良好氛围。

## 4. 积极开展扎实有效的基础工作

为了实现"人才强校"的宏伟目标，学校需要制定组织机构设置标准、编制标准、岗位标准、用人标准和定额定员标准。同时，根据实际需求开展定岗、定编、定员、定机构的"四定"工作。学校还要继续完善人力资源管理信息系统，为学校开展人力资源管理提供数据支持平台。

## 5. 建立人才规划落实的过程跟踪、评价监督和反馈调节系统

完善人才资源统计工作和信息化建设，建立规范化的动态监测机制，建立人才规划实施情况定期通报和年度评估制度，有计划、分阶段地对人才战略规划实施情况进行检查，重点抓好中期评估和年度评估。同时，根据需要开展专项评估，有针对性地提出改进建议，并根据未来变化和实施进度适时进行修订，确保规划的科学性和指导性。

## 6. 加大对人才资源的开发和投入力度

人才强校战略是一项系统工程，我校将继续加大对人才资源的开发和投入力度。实施人才资源开发优先战略，推进人才工作先行，不断加大人才开发资金的投入力度。积极探索和设立专门经费，用于人才培养、引进、奖励和支持重大人才开发工程的实施。适时设立人才规划实施专项发展基金，保证规划各项工作所需资金事前有预算、项项有落实、额度有保障。加强对人才开发资金使用情况的监督管理和跟踪评估，实现人才开发资金使用效能的最大化。

为了保证人才强校战略的顺利实施，推进人才资源的整体开发，学校专

门成立了职能部门——人力资源部。与一般人事行政管理职能相比，人力资源部不仅能不断提升学校人才资源的贡献率和提高人才的整体素质，还能通过深度开发管理促进学校和人才个人的可持续发展。

（1）推进人才的规划工作

对学校发展所需的各类人才，特别是拔尖人才和紧缺人才进行科学预测和规划，以满足学校战略发展的需要。积极推动员工三大序列管理体系建设，建立多元化的员工职业发展通道，拓宽人才发展空间，提高人才使用效率。

（2）坚持自主培养开发与吸纳引进并举

加大对人才开发的投入力度，积极利用内外部教育培训资源培养人才，统筹抓好三大序列人才队伍建设，大力实施四大人才工程，以培养专门人才和创新拔尖人才。

（3）创新人才培养开发、考核评价、选拔任用、流动配置、激励发展的保障机制

营造一种能够吸纳人才、留住人才、用好人才、培养造就人才的充满活力、富有效率的人才制度环境，积极创新人才培养开发、考核评价、选拔任用、流动配置和激励保障机制。

（4）扩大人才的社会化招聘规模

扩大人才的社会化招聘规模，使人才结构与北京实验学校的发展相协调。

（5）健全和完善切合学校实际的、较系统的、科学的人才考核评价机制

根据德才兼备的要求，制定以业绩为依据，由品德、知识、能力等要素构成的，不同类别、不同层次人才的评价指标体系。结合工作实际，改进各类人才评价方式，探索主体明确、各具特色的评价方法，考核指标所显示的结果，既能在纵向的历史比较中看出进退，也能在横向的现实比较中看出高低。考核评价结果不仅仅与工资、晋级等挂钩，更能体现考核评价的激励作用、导向作用和规范作用，可以作为教师自我认识、自主发展的依据。

（6）进一步完善符合教育劳动特点、多种分配方式并存的分配制度，构建具有特色的绩效工资分配体系

修订在分配体系中占重要地位的岗位等级工资方案，从特定时期所强调、鼓励的承担高工作量转向追求标准课时下的高质量，从消耗性的管理转向增值性的管理；通过适当降低每周工作量，从而增加人才进修和业务研究的时间，以提高人才自身素质和工作水平，进而提高教育教学质量。加大对优秀人才中长期激励分配力度和对学校发展作出突出贡献或取得重大成果人才的奖励力度，让创造一流业绩的一流人才获得一流报酬。

（7）根据国家有关政策，结合学校实际，补充完善学校的人才医疗保险、失业保险和养老保险制度

尽最大努力在进京指标、住房条件、子女入学、夫妻分居、家属就业等方面解决优秀人才的后顾之忧，使之安居乐业。

总之，我校高度重视建设高素质的、知人善任的人力资源工作队伍，并采取多种途径大力加强人力资源部的自身建设，全面提升人力资源工作者的综合素质与能力，使之具有识才的慧眼、用才的气魄、爱才的感情、聚才的方法。

## 五、战略实施后北京实验学校今日教师队伍情况

### （一）人才队伍建设概述

北京实验学校现在拥有一支优秀的教师队伍，教职工共有300余人，其中特级教师20余人，高级教师99人；博士6人，硕士55人、研究生课程班结业61人，双学士学位1人，获得区级以上学科带头人和骨干教师荣誉的教

师近 70 人。这样的师资水平比 2015 年提升了一个档次，在很大程度上满足了"师德高品位、专业高学识、能力多方位、科研高水平、工作高成果"的要求。

## （二）人才队伍建设主要成就

### 1. 年轻教师已成长为学校的教育教学中坚力量

2013 年，我校 26—35 岁的教师只占 21.7%；2019 年，我校 26—35 岁的教师占比近 29.2%。其中，博士学历 5 人，硕士研究生学历 55 人。这些经过严格选拔调入的年轻教师，充满活力，专业知识扎实，和学生的关系更亲近，更容易接受新思想，进行教育新实验。他们进入学校后，虚心好学，谦逊有礼，富有进取精神，工作热情高，真正使学校的教育教学工作充满了活力。近年来，随着学校的快速发展和社会影响力的提高，我们引进了多名教育教学方面的优秀人才，并通过他们的辐射带动作用，培养了一批年轻的博士、硕士教师，他们已成长为学校的骨干教师，在教育教学岗位上发挥了重要作用。这些年轻教师，绝大部分在教育教学一线负责重要的工作。当然，他们还需要在教师基本功上下大功夫，需要在教学内容和教学方式等方面做进一步的探索，需要学习老教师们在教学中展现出的沉稳和自如。

### 2. 学历水平逐年提高，高学历、多技能的复合人才增多

人才强校战略实施后，我校通过引进人才、构建名师工程、招聘高校毕业生等方式为学校补充师资，为教育注入新鲜血液。目前，我校教师学历合格率为 100%，2013 年至 2020 年学校招聘教师的学位拥有率达到 100%。

随着教育对人才培养不断提出新的要求，教师所面临的挑战也不断增大。因为年轻教师有很好的学科专业知识，在新的领域、新的技能上都需要引路人，因此，学校在年轻教师的职前培训和职中培训上下功夫，或者把他们送出去学习，或者把专家请过来辅导。年轻人也非常珍惜每一次机会，他们表现得更积极主动，学习的效果也更明显。现在，我校已培养出数学、物理、化学、生物、计算机、科技等学科竞赛辅导教师多名。各学段学生在全国高级别竞赛中的获奖人数逐年增加，个性化教育的效果初见成效。年轻教师的成长虽然在专业上显示出巨大优势，但还需不断锻炼以达到教育"润物细无声"的境界。

### 3. 干部队伍专业程度逐渐提升

现在我校 12 位校级干部中特级教师有 4 位，占 33.3%；高级教师 11 位，占 91.6%，基本实现了专业的人干专业的事，优秀的人管理优秀的团队。

### 4. 教育教学智慧和创新能力被激发，历经百年的校园充满生机

中年教师拥有较长的教龄和课堂经验，其中不乏学科专业上的带头人物，目前这部分教师仍是学校不可或缺的骨干群体。2013 年，我校加大了人才引进力度，全国各地的优秀教师汇聚北京实验学校，他们专业知识扎实，对教育和学生充满爱、对职业充满敬畏、对未来充满憧憬。他们的到来让北京实验学校校园的书香更浓了，让年轻的教师有了学习的榜样。学校还进行了师徒结对，这能够使年轻教师在他们的带领和影响下快速成长起来。在新老群体的不断交流中，他们优势互补，教育教学的智慧和创新的能力被不断激发，青年教师的赛课获奖比例一年比一年高，年轻教师的教学自信在北京实验学

校的校园得以彰显。

近十年来，我校在办学思想、人才培养、人事制度、管理团队等方面进行了一系列改革，学校的校园环境、教师的精神风貌等都发生了巨大的变化。教育科研成果层出不穷，目前学校在承担课题和科研论文获奖数量两方面连续占据海淀区第一名的位置。学生在全国各种学科竞赛和艺术比赛中获奖人数和奖项级别均突破历史，越来越多的教师和学生把学习新技能、掌握新知识当作自我提升的目标之一。

## 5. 教师队伍性别比例失衡问题没有得到明显改善

2013 年，从全国范围看，基础教育阶段男女教师比例正趋于平衡，男教师人数略低于女教师人数，而我校男教师人数占比却远低于全国的平均值。截至 2020 年，我校男教师仍只占 18.7%，男女教师性别比例失衡问题并没有从根本上得到改善。虽然就教学效果看，男女教师没有明显差异，但无论是生理、心理特点，还是思维方式、行为习惯，男女教师都有着较大的差异，因此希望更多男教师加入不仅是我们学校的夙愿，也是北京教育行业亟待解决的问题。我们有理由相信，随着教师社会地位和待遇的提高，教师队伍性别比例失衡问题在未来会得到根本解决。

综上所述，我校以培养教育教学智慧型和创新型教师为目标，采取一系列措施促使干部和教师不断加强学习、探索研究，激发教师内动力，提升教育教学的智慧和创新能力，以适应时代发展的需要。目前我校已完成阶段性教师队伍的"大换血"，实现了阶段性人才强校的目标。在曾军良校长的领导下，在学校干部团队的努力下，北京实验学校已成为跨海淀、平谷两区，有六个校址的教育集团。曾军良校长作为中国当代的教育家，正带领北京实验学校向更高目标迈进。

# 第二章

## 魅力教师的标准

习近平总书记曾在致全国广大教师慰问信中强调："百年大计，教育为本。教师是立教之本、兴教之源，承担着让每个孩子健康成长、办好人民满意教育的重任。"他还曾在北京大学师生座谈会上的讲话中强调："教师要时刻铭记教书育人的使命，甘当人梯，甘当铺路石，以人格魅力引导学生心灵，以学术造诣开启学生的智慧之门。"

## 一、理想的教师是胸怀理想、履行使命、充满激情和诗意的教师

罗曼·罗兰在《米开朗琪罗传》里说："世界上只有一种真正的英雄主义，那就是在认清了生活的真相后依然热爱生活。"理想的教师，就是在烦琐的工作中依然热爱教育的教师。疲惫不堪的工作可能会导致有些教师在忙碌中失去自我，在挫折中失去方向，但要做一名优秀的教师，一定要心存理想，不忘初心，才能在日复一日的繁忙工作中，不断学习，不断完善，不断积淀，进而提升自己，突破自己；才能用先进的教学理念、深厚的教学功底和高超的教学技巧在课堂中挥洒青春和智慧，在自我挑战中感受教育的真谛。教师只有心存理想，才会在面对现实与理想的落差时始终牢记使命，用心教育，

用理想的光芒照亮现实，照亮未来。教师只有与学生的心真诚对接，才能感受彼此心灵交流的乐趣，产生情感共鸣。教师只有心中有阳光，才能用温暖和美充实学生的精神世界。教师只有心中有理想，才能让学生感知未来的力量，使学生的心灵变得充实，即使遇到挫折和磨难，依然能倔强成长，站立不倒，成为一个真正的人。教师只有心存理想，牢记自己作为教师的使命，才能不断塑造自己，锐意创新，为人类文明的传承点燃智慧之光。

走上三尺讲台，教书育人；走下三尺讲台，为人师表。成为一名教师，意味着身上将担负起国家和家庭的未来与希望。古有"师者，所以传道授业解惑也"，今有教师的"立德树人"。为每个学生的终身发展奠基，为实现伟大复兴的中国梦贡献教育的智慧与力量，这是现代教师的使命。一个没有使命感的教师如果只是将教书作为一项工作，就难以让学生受到积极的影响，进而影响教师的工作情绪和个人价值。反之，一个具有使命感的教师，对待工作不会轻易懈怠，对待学生也会怀着极大的真诚。学生乐意与这样的教师积极互动，教师也会在与学生的互动中感受到个人的价值。同时，一个有使命感的教师能用自己的教育情怀去"书写"欣欣向荣的教育明天，因而也会得到学校更多的信赖与关注。

所谓激情，指的是教师在工作中怀揣极大的热情。教师上课富有激情，学生会为之振奋，教学效果也会相应变好。当教师精神饱满、面带微笑、充满激情地走进课堂时，他就像一粒火种，可瞬间点燃学生高涨的情绪，课堂气氛就会随之活跃起来。当一个教师有了激情，他就会不断充实和更新自己的教育理念，就会默默积蓄能量，因而其个人的专业成长和学生的发展也会节节攀升。

有理想、有使命、有激情、有追求的教师多半腹有诗书气自华，因而具有诗意和优雅的人格魅力。如何成为一个颇具诗意的教师呢？学校的魅力文化有如下倡导：衣着可以美一些，教师服饰与学生发展并不是无关的，教师的着装应具有审美效果，素雅大方，整洁得体；精神可以振一点儿，只有教师精神振奋，学生才能备受鼓舞；微笑可以甜一点儿，教师面带微笑，能给学生创造开放宽松的教学环境；说话可以美一点儿，教师以更亲切的语言进行归纳，以更洪亮的声音进行授课，对学生理解信息有很大的好处；观察可以细一点儿，通过细致观察读懂不同的生命个体，可以帮助教师探索出适合每一个生命个体的教育方式；思考可以勤一点儿，教师需要积极思考、创新思考、深度思考，通过思考积极提升自己的教学水平；方法可以巧一点儿，没有一成不变的好方法，更没有适合每一个学生的学习定律，教师必须与时俱进，不断探索、不断发现、不断引导；情绪可以稳一点儿，只有具备情感素养的教师才可能驾驭教育情境，影响学生的情感发展，助推学生快乐成长；表扬可以多一点儿，表扬要成为一种日常习惯，有时也是为了矫正学生的不良行为方式，使其按正确的方向前进；批评可以少一点儿，要注意场合，态度要诚恳、语言要平和，不要伤及学生自尊。

## 二、理想的教师是自信、自强，不断挑战自我、超越自我的教师

什么是自信呢？自信就是确信自己所追求的目标的正确性，并坚定自己有信心和能力去实现它。自信对于一个人的人生发展来说，无论在智力、体力、为人处世或是学习求知的动能方面，都有着基础性的支持作用，它和成功的概率成正比。一个人越自信，越能够产生强大的精神动力和进取激情，去排除一切障碍来实现自己的目标。毫不夸张地讲，自信是教师胜任教育教学工作心理资本的"第一桶金"。教师缺少自信，不仅不利于自身的发展，也

会给学生的成长带来不利的影响，比如会不同程度地传染给学生，使学生也变得缺乏自信。既然自信是学生成长和成才不可缺少的心理品质，那么怎样才能建立自信心呢？第一，保持乐观的心态。乐观的人往往对要完成的任务充满信心和希望，当面对挫折时能及时调整心态，不轻易放弃。第二，正确认识自己。"金无足赤，人无完人"，要对自己做公正全面的评价，既不因为优点而沾沾自喜，也不死盯着自己的短处。第三，学会使用一些方法，比如积极的自我暗示，"我很棒！""我行，我一定行！"等。

理想的教师需要自强。"天行健，君子以自强不息；地势坤，君子以厚德载物。"自强与自信的结合，能演绎出生命的精彩。马尔顿说："坚决的信心，能使平凡的人做出惊人的事业。"自强是奋斗的姿态，是激情的彰显，是自信的勃发。自强的人，是自尊自信的人。我们作为新时代的教师，要内外兼顾，建构坚韧、自立、自强的精神风貌，首先应该自信，但是自信从来不是来源于空想和盲目，而是来源于脚踏实地。当怀疑迷茫倦怠时，请坚持、再坚持，向前、再向前，不抛弃，不放弃。对教师来说，在日常教学中会有众多烦琐的事情，但是你眼前所见可能都是小事，能把这些小事做好、做久、做成，就是聚沙成塔，必有大不同之处。遇到挫折也要勇敢面对，对于一个有志者来说，挫折会唤起人的自信心，激发人的进取心。不妨记住牛顿的话："如果你问一个善于溜冰的人如何获得成功，他会告诉你：'跌倒了，爬起来。'这就是成功。"经一番挫折，长一番见识，战胜挫折，人会变得更加自强。

教师需要不断挑战自我、超越自我。教师超越自我是人生价值的体现，也是一种责任。教师是人类文明的传承者，是文化知识的传播者，肩负着培养国家新一代建设者和接班人的重任。教育者的这种责任，要求教师必须超越自我，胸怀大爱，用满腔热情、无限真诚教育学生。只有不断超越自我，才能应对日益加快的知识更新和时代进步，才能不断提高教学质量和教书育人的本领。为了适应时代的发展，身为一名教师，我们更需要不断成长，勇于挑战自我。而成长最重要的，就是走出舒适区、突破习惯性思维、尝试新方法与新事物。当前环境下，教育持续变革，新问题、新情况、新矛盾层出不穷，也需要教师不断适应新的挑战，不断调整自己的教学理念和行为。现在看来，适应能力的强弱已成为教师专业发展的重要特征，适应快则成长快，适应慢则成长慢。因此，教师的成功需要持续的自我挑战和超越，而教师的成功也从来不存在输在起跑线上一说，任何起点都能到达相同的终点，只要能有足够明确的目标，足够持久的耐力，足够坚定的信心，就一定会获得成功。

## 三、理想的教师是理念先进、师德高尚、方法科学、教学效果优秀的教师

在科技发展一日千里、知识呈现爆炸式增长、获取知识的途径异常多样的新时代，育人形式也发生了很大的变化。即使在今天你是一个非常优秀的教师，如果不注意"充电"储蓄先进的理念，终会因为知识、意识等的陈旧而落后于时代。在当今这样的时代里，"走出师范门，便成教书人""一次受教，终身任教"等观点早已过时，育人的手段、方法及举措已经发生很大改变，这必然要求当今的教师能够快速适应变化了的环境和形势，只有在育人上进行研究，避免育人的假大空现象，才能取得良好的育人效果，如必须树立"终身学习"的观点和"以人为本、创新为重"的教育价值观等。

理想的教师必须有高尚的师德。高尚的师德是建设一支高素质教师队伍，扎实推进素质教育、提升核心素养的关键。进入新时代，世人的道德观、价值观呈现出多元化的特点。对学生来说，科学知识越丰富、越深奥，就越需

要教师的指点与帮助；社会矛盾越尖锐，价值取向越多元，就越需要教师引导。因此，教师的价值观和道德观，应代表在社会中占主导地位的价值观与道德观，这就要求教师用社会主义核心价值观去引导年轻一代，用先进的教育文化去感染年轻一代，这就需要教师脚踏实地去引导，需要教师用心用爱去唤醒，需要教师用坚韧坚持去守望，最终让学生们坚定理想信念，树立远大追求，把个人梦想融进伟大复兴的中国梦之中，不畏困难、顽强拼搏、勇敢前行！

理想的教师在教学过程中应该能够收放自如，方法科学，教学效果良好。教师要以"研究者"的心态置身于教学情境中，要转变自己的角色和职能，不能一味地努力，而是讲究科学的方法，从而取得优秀的教学效果。引领学生成长是一项艰巨而复杂的工作，在教育的方法上、在引导学生学会学习的过程中都需要理性思考、创新实践、不断探索、促其成长。同样的知识内容，在一个教师手里能起到教育作用，而在另一个教师手里起不到教育作用，这就是方法的差异。理想的教师需要在以下两个方面钻研科学方法：第一，钻研教育方法。要注重遵循孩子成长的自然规律、读懂孩子的内心世界；要高度重视与孩子的心灵沟通、精神融合；要全面激励孩子的成长，帮助孩子成长，关注孩子的身心健康与可持续发展；要高度尊重孩子，多听听孩子的声音，相信孩子会有美好未来。第二，注重教授学习方法，授之以鱼不如授之以渔。教学生学会学习是教师的天职，学生会学才会爱学，爱学才会乐学，乐学才会终身学。从"想学"转向"享学"，教师需要教会学生制订切实可行的学习计划，从而使学生的生活、学习规律化，养成良好的学习习惯，大大提高学习能力。教师还要教学生学会预习，学生提前在学案中做上记号，这样带着问题听课，就会听得更认真，并且能把自己对教材的理解与老师讲解的内容进行比较，加深对新教材的理解和记忆。教师还要教给学生做系统小结，包括上课小结、每章小结，使学生能把已经学过的知识储存到相关学科的网络中去，形成自身的系统知识。在教育教学方法上，没有一成不变的好方法，更没有适合每一个学生的学习定律，教师必须与时俱进，不断探索、不断发现、不断引导，教师教育教学的方法巧一点儿，学生的成长就会更快一点儿。

## 四、理想的教师是善于合作、注重分享、具有人格魅力的教师

　　新时代的教师应善于与人交流合作，这是教师与同伴以及学生进行高效沟通的桥梁。有效的沟通能够激发彼此的智慧与勇气，也许就在师生的沟通交流之中，我们在教学中的难题就迎刃而解了。教师的成长不仅需要专业引导，更需要生命关怀、人文关怀和价值关怀，它们之间的相互渗透和融合是教师幸福的必要条件。北京实验学校高中部通过"幸福工程"，以特级教师工作室为依托，引领教师积极参与。该工程由一位特级教师担任组长，年轻教师担任副组长，双向选择，组成小组，开展幸福活动，旨在希望教师们从思想深处感受事业带来的成长，努力使教师实现事业与家庭的平衡，与学生共同成长、与同伴携手共进、与家人共创温馨家庭，从而收获教师职业的成就感和幸福感。北京实验学校高中部"幸福小组"基于现状而又不满足于现状，除支持和帮助教师个人学习和交流，发挥教师的主观能动性外，还创设教师主动为师、主动求师、互教互学的环境和相互切磋、共同研讨的学习团队。它不仅强调个人学习，更强调团队学习和组织学习，让组员携手共进。"一枝独秀不是春，百花齐放春满园"，"幸福小组"作为教师成长的专业支撑、精神家园，充分发挥名师工作室特级教师组长的榜样带头作用，帮助组员在职

业进程中谋发展，在合作互助中实现自主发展，善于发现教育教学中的新问题，积极寻求解决之道，自觉提升科研水平。除了学习理论、问题讨论之外，"幸福小组"还开展读书交流、自我剖析等活动，每一个组员都能在这里取得进步。大家共同营造民主、宽松、和谐的氛围，教师之间的横向交流与分享成为常态。特级教师传授经验，青年教师积极上进，有效促进了教研组成员整体素质的全面提高。

除了与同事之间的合作，教师也应同样注重与学生的合作，只有教师与学生形成学习共同体，才能很好地完成教学活动。"新课程实施过程中培训问题研究"课题组对教师知识传授者的角色转换作出如下解释：由重传递向重发展转变；由重统一规格向重学生差异性教育转变；由重教师的"教"向重学生的"学"转变；由重结果向重过程转变；由单向信息交流向综合信息交流转变；由居高临下向平等交流转变；由教学模式化向教学个性化转变；由执教者、管理者向学生学习的参与者、促进者和指导者转变。

我们必须在合作与分享中实现自我的成长并助力他人的成长，这样才是有人格魅力的教师。一个教师的能力是有限的，对推动学校发展能作的贡献也是有限的，因此，教书育人需要集体的力量。只有教师相互欣赏、团结合作、贡献智慧、取长补短，才能打造一个优秀的团队，给学生提供全方位的优质教育。如果教师羞于与同事合作，不乐于接受同事的批评，将很难取得成长。学校要努力建设教育教学共同体、学校精神共同体、学习共同体、教师共同体、师生共同体、学生共同体等，促使教师以学习者的身份参与建设，开展反思研究，开展批评与自我批评，等等。

## 五、理想的教师是充满爱心、关注个体、受学生尊重的教师

理想的教师应该充满爱心，尊重学生个体，给予学生应有的信任，增强他们的自信心。理想的教师懂得如何取得学生的信任，进而推进自己的工作。学生是处在发展中的个体，需要正确指导与细致深入的教育。同时，学生是祖国的未来，也是家庭的未来。所以，教师既要尊重学生的人格，又要用美好的希望、美好的情感、美好的灵魂、美好的思想去哺育学生，激发学生对美好未来的无限追求。

尊重是双向的，只有教师尊重学生，学生才会尊重教师。孔子曾指出要根据学生的不同特性因材施教，北京大学原校长蒋梦麟先生也认为"在一所学校中，一个课堂中，学生此个人与彼个人相差甚远：有上智，有下愚；有大勇，有小勇，有无勇；有善弈，有善射，有善御。皆以禀性与环境不同，而各成其才"，因此教师应承认学生个体差异是客观存在的，并尊重每一个学生的个性，那么如何尊重学生的个性、健全学生的人格呢？生命情感培养要从尊重学生开始，通过宣传鼓励学生的主体意识和民主意识，使学生明确课堂教学中人人平等、师生平等，大家要相互尊重、相互理解，及时沟通。

教师教育观念和教学目标不同，所设计的教学过程、教学措施就不同，带来的教学效果更不同。有的人把掌握一定量的知识当作教学目标，没有把教学视为培养能力的手段，所以花大量的时间让学生掌握知识，失去了培养学生能力的良好机会，学生不会运用已有的知识去解决问题，创新能力的培养就会成为一句空话。

教师承担着教育学生、引导学生发展的责任，而教师只有在教育过程中尊重学生人格、尊重学生身心发展规律、尊重学生的个性、尊重学生的发展需求，才能尽到教育者的责任，才能引导学生全面健康发展。教育性是教育

惩戒的核心原则，因此，教师尊重学生有着外在的特殊目的性，其根本指向就是促进学生的发展。

## 六、理想的教师是追求卓越、富有创新精神的教师

教师的潜力是巨大的，其能力需要在不断探索与实践中提升，需要在挑战中再登高峰，最终造就化难为易、举重若轻的智慧。教师只有"肚里有货"，才有"生产"的本钱；只有让"肚中之货"日趋壮大，才有"生命"的产生，才能让教育教学焕发出活力。

创新是人的本质属性，是推动教育发展的根本动力，也是实现教育发展新跨越的根本前提。为什么现在我们很多教师、学生的创新能力丧失或弱化了呢？其实是给磨灭掉了。有些教师一生从事教育工作，工作认真勤恳，但自己不创新，所以进步很慢。还有一些教师经常创新，并在教育教学中敢于尝试，所以很快成为优秀教师。创造性的教育教学活动，离不开教师的独立思考、自主意识和怀疑精神。没有独立性，就没有个性发展，也就无从谈起教育创新。由于我们的教育教学很长一段时间以来过分重视规范性和统一性，使得广大教师可贵的探索精神和创新的能力严重被压抑以至日渐泯灭，从而也牢牢束缚了学生的创新思维，因此我们今天关注教育创新很有现实意义。

提高教育质量，培养高素质的人才，这是教育发展与创新的根本目的。教师要提高理论水平，成为一个理想的教师，一定要多读书、多学习，广泛汲取教育名家、大师们的教育思想，并能在工作实践中运用他们的思想理论，去指导解决实际教育教学中存在的困惑和问题。一个有创新精神的教师会不断适应教育的新情境，从而成为具备新时代的教育智慧、实践探索与创新能

力的教师，变"苦学"为"乐学"，诱导学生的学习兴趣，激发学生的学习斗志；变"死学"为"活学"，倡导学生的探索精神，激发学生的创新能力；变"难学"为"易学"，指导学生的学习方法，激发学生的学习勇气；变面向"少数学生"为"面向全体学生"，做到因人施教，激发全体学生的学习积极性；变"学会"为"会学"，教会学生终身学习的本领，激发学生的担当精神，最终培养出时代所需的创新人才。

## 七、理想的教师是勤于学习、不断充实自我的教师

"鸟欲高飞先振翅。"思想家黄宗羲曾说："道之未闻，业之未精，有惑而不能解，则非师也。"广阔的视野、丰富的知识储备和高超的授课技巧，是教师高素质的集中体现。立志终身从教的教师，一定要脚踏实地，在提升自身素质上"不待扬鞭自奋蹄"。除了不断更新学科知识外，还应加强教学反思、案例分析、交流研讨、信息收集、资源积累、调研考证等研究，掌握现代教育技术及教学改革发展动态等。在教学中应积极参与教研教改，与同行多学习、交流，吸取他人之长，创新教学模式，优化课堂教学结构，形成自己独特的教学风格，让教育教学工作从有效向高效发展。教师只有勤于学习、不断充实自己，才能走向卓越，推动学生实现自我价值。学习是一程有起点无终点的人生旅行，是人们精神发育的最佳养分，是一笔零存整取的财富积蓄，是智慧生长的动力源泉。教师要把学习作为工作和生活的一部分，时刻准备提高自己的文化修养与教育水平。教师要在工作中不断学习钻研，反思自己的教育教学行为，不断改进、提高，努力成为一名新时代的成熟的、优秀的教师，成为推动社会进步的力量。

一滴水很快就会蒸发，一桶水也终有尽时。只有源源不断的活水，才能取之不尽，用之不竭。在这个知识激增、信息爆炸的时代，一名优秀的教师只有通过不断的学习获得精神滋养，培养对自我职业以及生命深度认识的能力，才能适应时代的发展。苏霍姆林斯基说："教师的知识越深湛，视野越宽广，各方面的学科知识越深厚，他就在更大程度上不仅是一名教师，而且是一名受欢迎的教育工作者。"换言之，如果你想给学生一杯水，那么自己就需要是"一眼泉"，只有博学多才，才能赢得学生的尊重与喜爱。面对日新月异的新知识新技术，教师必须持续更新自己的知识库，不仅要向书本学习理论知识，更要向生活学习，向同行学习，也要积极向网络学习，主动向学生学习，了解科技发展的最新成果和学生关注的最新热点。

教书是磨人的工作，一节课无论你准备多久还是会觉得时间不够，因为上好一堂课，需要在方方面面下功夫，如理论功底、语言艺术、形象管理、课堂组织、气氛调动、教学活动编排、学生作业的评讲等。教师要想在课堂上神采飞扬，收放自如，幽默风趣，需要在课堂之下苦练内功，精益求精。在我们"幸福工程"的分享会上，化学特级教师曹丽敏向大家分享了自己的成长经历和自己对教育的三"明"追求。她表示，在人生成长的道路上自己从来没有停止过学习和深造，教师的成长是一个厚积薄发的过程，在个人成长的过程中需要有压力、有目标，因为有压力才会有动力，有目标才会有方向。曹老师谈到自己也曾经经历过职业的倦怠期，感恩有"高手"的指点，自己才明确了走"专家型教师"的道路，这助推她走到了职业成熟期，体会到了职业的乐趣，并不断在教科研方面越走越远。教育要想让学生有"沸腾的生活、诗意的人生、精神的享受"，教师也必须不断学习深造，修炼自己。

# 八、理想的教师是具有反思与研究精神，
# 不断发现教育规律的教师

"问渠那得清如许，为有源头活水来。"优秀的教师应在实践中反思并提升自己，通过学习构建自己的文化价值，通过实践并进行反思加速自己的成长。如果教师只会照本宣科，理论脱离实际，那么真实的课堂教学就会干瘪，从而缺乏生命力，导致学生在课堂上所获甚少。在这一点上我们可以从我国古代的优秀传统教育思想中汲取经验。《论语》有云："不愤不启，不悱不发。举一隅不以三隅反，则不复也。"朱子曾经对此做过注解，认为"愤者，心求通而未得之意；悱者，口欲言而未能之貌"，也说明了启发学生的重要性。在实际教学中教师要努力做到因势利导，顺势而为，只有将学到的知识与课堂中的实践相结合，并习惯于在学习和实践中反思得失、总结提高，才能增强教学的针对性和实效性。具体到真实的教学中，就是师生要双向积极互动，教师尊重自己的生命和人格，同理，也应懂得尊重学生的身心发展规律，理解学生的心声。作为一名教师，最重要的是理解自己的教育对象，不仅要理解他们的需要，还要尊重他们的个性。在新教育的背景下，教师应逐步实现角色定位的转换，由教学中的主角转变为学生发展的引导者、促进者，积极创设互动互惠型的教学关系，并在教学任务的设置中体现教学方式的问题性、启发性、主动性、体验性等特征。教育研究是教师的必备素养，也是教师成长的有效载体和手段，更是理想教师自我发展和自我实现的有效途径。苏霍姆林斯基说："凡是感到自己是一个研究者的教师，则最有可能变成教育工作的能手。"面对日常的教学工作，教师需要具有反思和研究精神，脚踏实地去研究。教师每日面对备课、上课、作业、辅导、答疑、导师工作、班级管理、学科教研、培训总结、活动组织等工作，需要一件一件推敲琢磨、冷

静思考、大胆探索，高标准、按时间、保质量去完成，如果没有脚踏实地的精神，就不可能有高质量的教育。教师作为专业人员，应针对教育教学过程中出现的问题和不足进行研究，树立问题即课题意识，以问题带动课题研究，以研究促进问题的有效解决，在研究中不断成长与进步，从而成为名师。

现有的认知规律及理论成果已无法满足信息社会快速变革的需求，教育面临着对自身认知规律的再研究和再探索。例如，网络学习正成为教育发展的一种方向和趋势，其打破了传统教育模式时间和空间的条件限制，是传统学校教育功能的延伸，使教学资源得到了充分利用，教师在这一过程中应充分利用学生在用网络学习时出现的身心规律特征。有研究发现，在网络课程中加入记忆测验可以帮助维持学生的注意力，从而提高学习质量。研究人员分析了学生的考试成绩、自我报告的走神记录及焦虑状态，结果显示，每节课程学习后进行记忆测验有助于减少走神以及减轻与测试有关的焦虑，从而改善考试成绩。此项研究成果有助于开发教学效果更好的网络课程，如注意应用人类的记忆规律和不同年龄人群的记忆特点，将更多认知心理学的知识运用到提升网络课程教学质量中等，使网络课程无论在内容还是表现形式上都能吸引学习者的注意力，提高学习者的学习兴趣，从而促进记忆，提高学习效果。

# 第三章

## 魅力研修

教师的幸福感来自哪里呢？我们认为，初级的幸福是肉体的幸福，那是饱、暖、物欲。中级的幸福是精神的幸福，那是诗词歌赋、琴棋书画、游走天下。高级的幸福是灵魂的幸福，那是付出、奉献、让他人因为自己的存在而幸福！我们是平凡的人，但我们不平庸，我们追求优秀，更追求卓越！因为，平庸的人只有一条命，叫性命；优秀的人有两条命，即性命和生命；卓越的人则有三条命，即性命、生命和使命。它们分别代表生存、生活和责任！如果一个鸡蛋从外面打破，会变成桌上的一道菜，只是一盘食物；反之，如果从里面打破，一只小鸡生出来，就是生命。教师队伍建设亦是如此，从外打破是压力，从内打破是成长。我们希望通过魅力研修的创新实践，让我们的老师能从内打破，既拥有初级和中级的幸福，又拥有高级的幸福！

# 一、开展师德建设

学校制定了科学系统的师德管理制度，由德育副校长负责。《班主任工作室管理制度》中也有师德建设的制度要求，每学期学校校本培训的计划、学校教师发展的《人才强校战略》中都有师德建设的具体内容。

近几年，学校通过案例写作、个案研究、经验分享、论坛讲座、读书沙龙、心理咨询等形式促使师德建设得到了有效发展，喜获全国首批"师德建设实践与创新基地""北京市三八红旗集团"授牌。

北京实验学校是原民国政府总理、著名教育家熊希龄创办的，我们希望熊希龄教育思想在当下北京实验学校的土壤上能继续传递下去。为此，学校成立了熊希龄教育研究会，召集全体教职工探讨和思考熊希龄的办学思想。同时，学校还编写了校本教材，主要研究熊希龄的教育文化、教育思想。一个学校只有继承文化、研究文化，才会更有未来。正如曾军良校长所说："我们不承认昨天，就不会有今天，更不会有明天。"

# 二、文化引领内心

学校文化是一种氛围、一种精神，对学生的人生观、价值观产生着潜移默化的深远影响，而这种影响往往是任何课程所无法比拟的，因此健康、向上、丰富的学校文化至关重要。

北京实验学校在梳理历史、继承创新、开拓未来的基础上，确立了办学目标、育人目标、学校精神、校训、教师价值观、校风、教风、学风等。

办学目标是"孩子向往，教师幸福，社会满意"。

育人目标是"培养具有中国灵魂、国际视野的现代人"。

学校精神是"勇于担当，善于超越"。

校训是"健康、明礼、乐学、创新"。

教师核心价值观是"忠诚教育、关爱学生、教书育人、为人师表、严谨治学"。

校风是"笃行以致用，弘毅以致远"。

教风是"爱生、乐业、尚学、求真"。

学风是"勤勉、善思、合作、进取"。

## 1. 激励文化

学校全过程、多方位、立体式地推动激励工作，让激励之花盛开在北京实验学校的校园。例如学校对更新观念快、能将观念内化于心外见于行的优秀者进行表彰；每个月表彰一位魅力党员、魅力教师、魅力班主任、魅力员工等。除了"魅力人物"的评选，学校在日常工作中也积极推广激励文化。曾校长每周都会去高三听课、了解全年级学生的学习状态，同时发表激动人心的演讲，随时激励班主任并给予正确的指导。

## 2. 敬业文化

"凡事要专心致志"，做任何工作都要爱岗敬业，做教师亦是如此。很多老师参加工作以来，一直奋战在教学工作第一线，始终坚持对工作一丝不苟，他们爱岗敬业、无私奉献的精神，倾情关爱、精心育人的精神值得学校倡导。

## 3. 反思文化

孔子所说的"吾日三省吾身"中的"省"也就是我们所说的反思。美国学者巴里斯和爱丽丝在《培养反思力》一书中指出："反思对于学生来说非常重要，对于教师进行良好的教学也具有重要作用。""反思型教师能通过观察自己学生的行为和自己的行为经常进行自我评价。"

反思可以让我们及时总结工作中的得失，是促进我们进步的推动力，其重要性可见一斑。尤其是教师承担着教书育人的重要使命，更应该做到及时反思，让反思深入教学，这是教师提高自己的一个重要途径。反思不是冥思苦想，不是自己孤立地思考，也不只是对自己的教学实践进行研究，更不局限于对自己的教学实践进行反思。反思是对教育问题的再思考、再追问、再研究、再出发，要做到个人反思、集体反思、全面反思。反思不仅是教师积极探究的需要，也是充分挖掘自己专业发展资源的主要方式，能激活教师隐藏在心中的教育思想，最终使教师在反思与创新中实现自我超越。

曾军良校长要求我们认真反思当下基础教育存在的问题。通过全体教师的反思、备课组的研讨、学术委员会的交流，我们寻找到当下基础教育的一百个问题，在反思这一百个问题后，全体教师在先进的教育教学理念的指导下，借助行动研究，不断对自身的教育教学实践进行深入分析、研究，进而发现问题、提出问题、解决问题，实现了在寻找问题与解决问题中前进。

教师的反思，包括反思自己的教育理念、教育言论、教学行为、教学方法、教学效果；反思身边最熟悉的教育现象、身边最平常的教育小事、教育教学中的困惑得失，并且在反思后进行自我总结，写教育叙事、教育案例、教育随笔、读书随笔、课堂实录、说课记录、教学反思、教学日志、教学设计、课程故事、调查报告、实验报告、研究报告、个人经验介绍、专业成长感悟等，再通过与同事交流感想，总结提升经验，将已有的经验系统化、理论化。

## 4. 读书文化

苏霍姆林斯基说："真正的教师必是读书爱好者。""每天不间断地读书，跟书籍结下终生的友谊。潺潺小溪，每日不断，注入思想的大河。"教师们也都达成共识——读书不是为了应付明天的课，而是发自内心的对知识的渴求。

如果教师能更好地利用空闲时间阅读学术著作，就不至于把备课变成单调乏味的死抠教科书，而是在自己所教的学科领域里有所突破。

书是一条船，它带着我们在智慧之河中航行；书是一只鸟，它让我们从天空中看到五彩缤纷的世界；书是一座桥，它引领我们通向成功之岛；书是一盏灯，它带领我们走出黑暗、走向光明。热爱书籍吧，它是人类进步的阶梯；热爱读书吧，它是增长智慧的不竭动力！因此，我们学校每年都会开展全员读书活动，给每一位教师购置10本书，并组织教师进修交流。学校工会、各学部都大力支持教师的读书活动，还成立了多个教师读书社团，定期开展读书活动。

## 5. 平等育人文化

学校建立了彼此平等、和谐关爱的文化，工作人员在称呼上一律称"教师"。因为管理者要通过管理育人，可称得上"教师"；授课者要通过教书育人，可称得上"教师"；服务者要通过服务育人，也可称得上"教师"。各项社会实践及活动中，学校所有教师（包括干部、服务者）都会加入其中，在平等友爱的活动中育人。

## 6. 树立正确的价值观

教师在学校的环境下是一个整体，因此我们希望教师能树立共同的价值观，转变整体教育观念，改进教育行为，提升教育质量。为此，学校梳理学校文化，提出文化主张，创建文化氛围，开展价值观教育的专题培训、研讨交流，希望用优秀的文化引领教师积极转变理念。

我们思考学生观的问题有：教好"学生"，还是教"好学生"？发现儿童还是等待儿童被发现？每一朵鲜花都开在春天里吗？顽皮是童年的淘气，还是童年的智慧？对待问题生，究竟应该强调教育惩罚，还是强调教育引导？现在的学生不好管，还是我们管的方式有问题？对学生的一时负责，还是对学生的一世负责？如何引导学生在"合作学习"中"学习合作"？如何理解"教学不仅仅是一种告诉，更多的是学生的体验、探究和感悟"？学生具有发展的潜力，如何在适当的教育和环境的作用下，最大限度地发展学生的潜力？

我们思考教师观的问题有：在现今的教育环境中如何体现"身教"？教师如何对待和转化"差生"？什么样的教师更适合学生发展？教师如何把握教育的底线？教师在教学中如何平等对待学生，真正做到"平等中的首席"？为了形成家校合力，教师在家长工作方面可以有哪些作为？教师幸福的源泉在哪里？怎样帮助教师克服职业倦怠，增强创新意识？教师的教学工作和科研工作如何兼顾？为什么既要抬头看路又要低头拉车？

我们思考家长观的问题有：如何破解"5+2=0"现象？家长应该树立怎样的人才观来教育孩子？学校教育是否可以替代家庭教育？从孩子成长这面镜子中，你能看到自己的教育痕迹吗？为培养适应未来社会发展的人才，家长应该培养孩子哪些方面的品质？针对幼小初高不同教育阶段的孩子，家长应分别注意什么？家长如何培养孩子的良好习惯？培养孩子哪些良好习惯？是否"好"学校就可以提供给孩子"好的教育"？家长如何培养有创造性的孩子？

我们思考教学观的问题有：为什么要教？怎么教？如何因材、因性施教？为什么要学？怎么学？教师为何要加强学法的研究、指导学生学会学习？课堂教学如何实现"教学相融"？课堂的魅力在哪里？课堂如何成为学生喜欢的学堂？教师教学需要一桶水还是一眼泉？课堂的核心是学习，如何推进多样化的学习？如何促进学生主动学习？

我们思考教育观的问题有：德育的基础目标是"激扬生命"还是"控制

生命"？教师是"标准件"制造者，还是学生的"文化使者"？我们需要德育的形式还是德育的力量？抓好共青团、少先队工作究竟是我们的任务，还是我们的使命？我们坚守的是教育理想，还是教育方法？道德教育如何实现价值引导？现代教育发展面临怎样的机遇与挑战？什么样的教育才具有唤醒学生的功能？学校德育教育究竟是"讲德育"还是"做德育"？我们可以通过哪些德育的形式来实现德育的力量？

我们思考课程观的问题有：究竟怎样从课堂教学走向课程育人？如何创造更加适合学生发展的课程？如何理解课程的多样性与学生多元发展的关系？新形势下，如何成为课程开发的领跑者？如何创建"适切性"的课程和统合化的课程体系？如何构建十五年一贯制课程体系？如何构建培养"完整的人"与"自我实现"的课程目标？新课程就是新的课程吗？如何发挥课程评价促进学生发展、教师提高和改进教学实践的功能？如何认识教材和课程之间的关系？

我们思考科研观的问题有：如何培养正确的科研观？成功的科研工作者应该具备哪些特点？如何理解科研工作是积极探索、认识未知、益智延年、修身养性、利人利己的"人生幸事"？中小学教师如何进行教科研创新？如何正确认识与处理教科研创新工作的误区？科研工作者应如何关注学生，为每一个学生的终生幸福奠基？如何推进高素质科研创新团队建设？如何实施学术交流战略活跃学校学术气氛？如何正确认识与处理教科研创新工作的误区？如何实行校、区、市、国家四级课题联动研究？

我们思考文化观的问题有：学校的核心文化究竟是什么？为何校长自身的文化素养会全面影响学校的文化建设？学校为何要构建"等距离"文化？学校为何要构建激励文化与包容文化？为何要推进学校的制度文化建设？如何建立学校文化、年级文化、学科文化、班级文化、备课组文化？为何要推进学校的制度文化建设？学校为何要加快文化建设的步伐，走向文化育人？如何做一个有文化的教师？是以文化人，还是以人化人？

我们思考管理观的问题有：为何层级管理总是导致管理效率低下？学校的管理为何难以实现单点突破？怎样的管理结构既能促进校长负责制的落实，又能制约校长的权力？教育教学的分线管理为何难以和谐？学校管理为何要将行政与学术分开？怎样使教育教学和谐？学校管理的最高智慧是什么？如何从自我管理实现学生管理？管理重在管还是重在理？

我们思考评价观的问题有：是名校的校长，还是真正的名校长？是名校的教师还是真正的名师？为何有经验的人有时是危险的人？为何评价学校只看学生的终点结果，而不看起点上的增值发展？沿用多年的"三好"学生评价标准，现在还适用吗？是否有更科学的评价标准？为何评价学校只看学生的终点结果，而不看起点上的增值发展？如何评价教师的主要业绩与贡献？影响学生一生发展的关键要素究竟是什么？素质教育喊了多年，怎样才能解决"举素质教育的旗，走应试教育的路"？

除此之外，学校还推进了"等距文化""激励文化""微笑文化""民主文化""包容文化""尊重文化""团队文化""创新文化""业绩文化""理念文化""家庭文化""网络文化""奉献文化""廉政文化""环境文化""生态文化""关爱文化""关系文化"等文化的建设。

# 三、用战略管理来推动学校发展

国际战略专家理查德曾经说道："制定战略就是把你自己的智慧、远见和意志掌握在自己手中。制定战略规划的基础是学校的哲学，学校哲学的核心内容是学校的理念，它主要体现在学校的使命与目标中。"面对变化的形势和竞争的环境，学校应从自身的条件出发，沿着经济和社会发展的方向，明确学校的发展目标，审视学校的发展使命，找准学校的发展定位，选取恰当的发展路径，作出重大的战略决策，形成核心竞争优势，提高学校的办学效益和对社会的贡献度。

学校集中全校教师的智慧，紧紧围绕教育实践，着力进行理性思考，以特级教师、博士学历教师为主体的 30 多人的核心团队，制定了学校发展的《十一大发展战略规划》。其中的人才强校战略、课程科研战略、魅力课堂战略、高考战略直接成为我们的加速器。

我校于 2012 年年底凝聚全校干部、党员和群众的智慧，成立了十一大战略小组，研究学校未来五年的发展战略，形成了《发展战略书》。战略内容包括：十五年一体化战略、文化兴校战略、人才强校战略、魅力课程战略、魅力课堂战略、高考战略、国际化战略、数字化战略、科技艺体发展战略、对外辐射影响战略、足球进校园战略等。

2017 年，学校又研究制定了"魅力教育"第二个五年十五大发展战略。我们以实现战略规划为契机，激励全体干部、党员、教师形成共同的理想和核心价值观来推动学校战略发展，再用战略思维助推学校快速发展。"魅力教育"改革的第二个五年十五大战略及负责人如下：

1. 集团发展战略 （负责人：罗霞）；

2. 十五年一体化战略 （负责人：张峡光）；

3. 文化兴校战略 （负责人：廖向群）；

4. 人才强校战略 （负责人：马慧玲）；

5. 魅力课程战略 （负责人：周清华）；

6. 魅力课堂战略 （负责人：李银乐）；

7. 魅力家长战略 （负责人：吴伟）；

8. 高考战略 （负责人：张丕学）；

9. 招生战略 （负责人：史希慧）；

10. 国际化战略 （负责人：陈红）；

11. 智慧校园战略 （负责人：肖华刚）；

12. 体育发展战略 （负责人：冯全军）；

13. 艺术发展战略 （负责人：刘智慧）；

14. 科技创新战略 （负责人：张晓龙）；

15. 对外辐射影响战略 （负责人：武春静）。

用战略管理来推动学校发展，我们走在了基础教育的前列，其中"人才强校""魅力课堂""魅力课程"等战略规划，科学指导了教师思考研修系统、创新研修方式等实践活动。

# 四、"三"工作室"一"研究中心

学校以人力资源部为躯干，以学法中心和课程科研中心为两翼、三个工作室为辅助的"主负责，多协调"的组织管理机构分工，宛如飞机的机身一样，彼此制约、协调，以防止在校本培训工作中做"无用功"，把握了我校教育发展的新方向。

人力资源部为前机身，负责制定整个学校校本培训的总体计划和方案及其落实、评价。课程科研处负责在科研方面提供遴选培训教师、指导受培训教师的科研项目、课堂教学及论文写作的指导；学法研究中心秉承我校"魅力课堂"理念，关注我校校本培训时时关注的"生本"，站在学生的角度设计培训项目及活动。课程科研处和学法研究中心是我校校本培训"航班"起飞至关重要的两翼。

三个工作室中，特级教师工作室是培训教师的主要阵地。特级教师在教育、教学、科研、培养教师方面都有极其丰富的经验，因此是培养骨干教师的驱动力量。班主任工作室主要负责提升教师的教育水平，王冬梅工作室也有明确的目标——培养青年教师。这两个工作室作为机身的平行尾翼，为我校校本培训的良好发展保驾护航。

我们认为，校本培训是为了满足学校和教师的发展需要、实现学校和教师的发展目标，由学校组织并主要在学校进行的一种教师在职培训形式，由于是针对不同层次老师的实际情况而组织展开的培训，因此能较好地切合不同类型教师的实际需要，满足教师的个性化要求。如果说集中培训能较好解决教师发展的共性问题，那么校本培训模式下的分层实施培训则能较好地解决教师发展的个性问题，对教师的专业成长有较大帮助。根据各类老师所存在的具体差异，从不同类型教师的实际特点出发，找准切入角，分层分类，灵活实施，这是符合教师成长和教师教育规律的，也是校本培训发展的趋势之一。

特级教师工作室旨在促进骨干教师发展，做好名师培训校本培训，它有三大要义，即"为了学校""在学校中""基于学校"，也就是说，其培训应立足学校，研究和解决学校、教师所面临的主要问题，促进学校和教师的共同发展。目前，我校拥有20多位特级教师，涉及小学、初中、高中三个学段以及数学、英语、语文、物理、生物、历史六个学科。与其他学校相比，我校的特级教师数量非常可观，师资力量十分雄厚。

我们一直思考：如何让教师觉得来到北京实验学校有价值？如何更好地发挥他们的高端引领作用？基于以上思考，我校成立了特级教师工作室作为校本培训的主阵地，无论研讨、讲座还是技能训练，都充分使用和挖掘本校的优秀师资来担任培训者，这既有利于结合学校、教师的实际问题展开培训，使培训更具针对性，又有利于进一步锻炼和开发本校优质师资，还可以在学校教师中树立典范，促进全校教师共同成长。

特级教师工作室成立了导师导生互助团，积极开展"品牌教师公开课""名师讲堂""名师讲座"等多项活动，着重对骨干教师的培养；推动"魅力课堂"教育理论与教育实践的发展，通过支持性培养，努力为特级教师提供保障和支持；扩大特级教师的专业影响力，并为其营造良好的成长环境，促进他们成为教育名家，开展学术研究和研讨活动。同时，工作室不仅能引领学校教师成长，也促进了市区骨干教师的成长。

我校还成立了以班主任为核心的"班主任工作室"。工作室主要针对工作中的实际问题，就班主任工作规范、班级管理、未成年人思想道德教育、学生心理健康教育、安全教育等方面的小问题进行沙龙研讨。工作室经常展示成员在班级文化建设、班级管理方面的教育论文、课题研究、随笔等成果，确立了主研课题《校园文明礼仪教育方法与策略探究》，成功编写了学校的《德育纲要》和《北实铭言》，另外，每学期还安排了四节主题班会观摩课，为1—3年级、4—6年级、7—9年级、10—12年级各安排一节。班主任教师培训也在班主任工作室的带领下有序进行，提升了班主任的整体素质，整体推进了学校的发展。例如2015—2016学年，班主任工作室确立课题《校园文明礼仪教育方法与策略探究》，通过安排主题班会观摩课从学生和教师两个角度对班主任工作进行了调研和分析，推动了班主任教师培训工作的发展。2016年，班主任工作室为初三（2）班、初三（4）班联合举行了题为"感恩·奋斗·腾飞"的亲子班会，同学们随音乐观看了母亲们年轻时的照片，在舒缓的旋律中回忆着岁月流转中的种种感人故事。随后，同学与家长们共同参与了"亲子默契大考验""你画我猜""做发卡"等活动，在温馨的氛围中加强了彼此的交流与配合，增进了亲子间的沟通与理解。

我校的两个工作室还邀请过教育部基础教育课程发展中心专家、中国教育学会原会长顾明远教授以及清华大学王文湛教授来校进行培训指导，以提高我校教师教育、教学、科研的理念和水平。

此外，学校还开展了教师培训选修讲座系列活动，在每学年初调研教师的培训需求，开展有个性需求的教师培训活动。教师缺什么就补什么，这样的培训增强了针对性，减少了盲目性，提升了培训的效果。学校还进行了教师校本培训需求调研，给一线教师开设自主选修课，为一线教师提供发展助力。

## 五、以课题研究、教材编写促教师发展

马斯洛的"需求层次理论"告诉我们：每个人在其基本需求满足后，都会产生更高级的需求。应该说每个教师在其职业生涯发展中，都会有一种实现自我价值的需求。我们不应仅仅停留在教育教学层面，还需要投身教研中，掌握教育教学的基本规律，以解决教育教学实践中的具体问题。苏霍姆林斯基说："如果你想让教师的劳动给教师带来乐趣，使天天上课不至于变成一种单调乏味的义务，那就应当引导其走到从事研究这条幸福的道路上来。"皮亚杰说："为什么这样庞大的一支教育工作队伍，在全世界这样专心致志地工作着，而且一般说来，都具有胜任的能力，但工作一生却成不了杰出的教育工作者，将教育变成一门既是科学的又是生动的学问？"我想主要原因是缺少研究，只有教师成为研究者，才能使教研根植于课堂，才能使教研成果变为教育生产力。"教师即研究者"运动的积极倡导者斯腾豪斯谈道："如果没有得到教师这一方面对研究成果的检验，那么就很难看到如何改进教学，或如何能满足课程规划。如果教学要得到巨大的改进，就必须形成一种可以使教师接受的，并有助于教学的研究传统。"

　　我校致力于建设一支专家型、学者型的教师队伍，因此学校注重以课题研究、编纂国家教材促进教师专业成长。课程科研处作为引领学校发展的科研部门，通过理论培训和课题研究单独辅导的形式，为教师们争取到了很多课题研究、论文投稿的平台和机会，大大激发了教师的科研热情。学校也因此多次被评为"全国科研兴校先进单位""北京市科研工作先进学校""海淀区教育科研先进学校"等。

　　教师素质的培养途径是多种多样的，如自学、进修、短训和开展教育科研等。一般而言，人们对组织教师开展教育科研的方式不太重视。实际上，由于教育科研对全面提高教师素质具有重要作用，因此教师参与教育科研不仅是提高教师素质的行之有效的途径，而且是不可或缺的培养方式。首先，教育科研有助于提高教师的科学文化素质，优化教师的知识结构。教育科研是一项综合性很强的工作，涉及教育学、心理学、管理学以及与科研课题有关的众多学科，教师从事教育科研工作，必然要搜索、寻找并有目的地研究各种新的教育理论、观点和方法，从中吸取精华，构建更为合理的知识结构，在这一过程中，教师将会不断实现自我更新和提高。其次，教育科研有助于提高教师的教学素质。教师从事教育科研工作通常都会结合自己的教学实践，去发现、分析和研究教育教学中的各种问题，并提出解决问题的新办法、新方式、新策略，从而促进自己教学技能的不断更新和提高。最后，教育科研还有利于培养教师的创新意识，开发教师的创造能力。苏霍姆林斯基认为，教育研究能使教师从极其平凡的、司空见惯的事件中看出新的办法、新的特征、新的细节，能使教师的创造思维得到有效发挥，从而提高其创造性开展教育活动的能力，而学习型、研究型、创新型的教师，可以实现科研兴校、科研兴教、科研强校，彰显课程科研特色，丰富学校办学思想，提升学校文化品位，有助于学校与区、市、全国的科研管理部门建立长期合作关系。

　　学校还可依托高校与科研院所建立教师与专家沟通的平台，打造课程科研联合体，为学校的科学发展发挥智库作用。学校还致力于实现四级课题联动研究，切实发挥重点课题引领作用，形成全员科研，全面科研，并建立"以校为本"的教科研制度，如：以课题为载体，以备课组为单位，开展教学型科研活动；以课题为载体，以教研组为单位，开展研究型科研活动；以读书为载体，以读书小组为单位，开展学习型科研活动。几年来，我校在教育科研方面均居海淀区第一名，在海淀区组织的教育科研论文比赛中我校教师也是参加数量、获奖数量最多的。

学校积极开展的国家、市、区、校四级课题联动研究中，国家级课题（2013 年 6 月—2017 年 8 月）有：

1. 教育部"十二五"课题《幼小中教育科研管理一体化研究》；

2. 教育部"十二五"课题《学困生潜力的开发研究》；

3. 中国教育学会"十二五"课题《教学最优化实验研究》；

4. 中国教育学会"十二五"课题《校园文明礼仪素养实验研究》；

5. 教育部"十二五"课题《熊希龄教育思想的形成与发展研究》；

6. 中国教科院"十二五"课题《幼小中高效学法研究》；

7. 中国教科院"十二五"课题《中小学社会主义核心价值体系教育研究》。

市（省）级课题（2013 年 11 月—2016 年 12 月）有：

1. 青年教师专业化评价研究；

2. 幼小中学校管理一体化研究；

3. 新课程改革背景下的魅力课堂教学模式研究；

4. 初中语文实践活动与学生能力发展的研究；

5. 以活动为载体，提高初中生语文学习兴趣的研究；

6. 高三数学习题错因诊断分析研究；

7. 初中英语学科差异教学策略研究；

8. 九年级英语听力教学策略研究；

9. 高中政治课中特色内容教学设计的研究；

10. 以"中艺"课程为载体，引导学生做真善美使者的研究；

11. 以原创动漫为载体，引导学生做"明礼少年"的研究；

12. 中学语文课堂中"思考"环节的运用现状及应对策略；

13. 体能素质"课课练"与课外体育锻炼的研究；

14. 物理作业分层的实效性研究；

15. 高中生物《遗传与进化》概念教学研究。

区级课题有：

1. 高一学生《学法入门指导》校本资源的开发研究；

2. 通过有效问题设计促进学生深入思考的方法研究；

3. 语文综合实践活动实施策略研究；

4. 通过教学设计实现学生理解的策略研究；

5. 人生规划教育主题活动设计研究；

6. 班会课评价方式研究；

7. 学生个体心理辅导案例研究；

8. 合作学习在高中语文诗歌教学中运用的案例研究；

9. 初三英语学科差异教学策略研究；

10. 三大内家拳课程资源的开发与利用研究；

11. 激发肥胖学生运动兴趣的策略研究。

此外，我校还承办了各类海淀区区级教师教研活动，并邀请教师担任社团指导教师，发展各自的兴趣爱好。学校邀请了90%的教师参与学生的社团建设，教师和有共同兴趣爱好的学生结成发展共同体，不仅开阔了自己的视野，了解了学生的个性化差异，而且有助于疏解和分散教学的心理压力，提升文化素养。

学校从全国各地引入了各学科优秀人才，使得学校教师团队的知识结构相对比较完善，还组织不同团队结合学校和教师所面临的实际问题，开展了十大教育教学实验，让教师都参与到了科研活动当中。课题与项目是强化学校科研工作的基本形式与基本路径。通过全校教师的不断努力，我们逐步做到了学校常规工作的课题化、项目化、成果化、专业化、高效化，将学校的魅力研修推进到了一个新水平！

我们曾经进行了以下项目研究：

1. 开展学校战略管理实验，推进学校科学发展；

2. 开展幼小初高一体化课程实验，开发幼小初高十五年融通课程；

3. 开展青年教师专业成长实验研究，促进学校可持续发展；

4. 开展"魅力课堂"研究实验，实现学生在原有起点上的最好、最快发展；

5. 开展学法研究实验，建立学法研究中心；

6. 开展学困生培养的探索实验，探究学困生成长的规律；

7. 开展京剧、书法等传统文化教育实验，有效传承中华传统文化；

8. 开展双语教学实验，提升学生国际交往能力；

9. 高中开设熊希龄人文实验班、科学实验班、医学科学实验班等，创新人才培养模式；

10. 开展"学校、家庭、社区"联动实验，促进区域教育和谐发展。

参与开发与编写校本课程及教材是培训教师的有效措施，能够促进教师把握教材、课堂的课程科研能力。学校在曾军良校长带领下，在研究中工作，在工作中创新，凝聚智慧、研发教材，组织38位教师编写了《新疆、西藏内地高中预科班国家教材》，现已有25本国家教材在人民教育出版社出版，周清华、王冬梅、廖向群、燕飞与笔者5位教师担任了教材主编。这套国家教材的编写，既是一种担当，也是一次挑战，更是一个机遇，填补了新疆、西藏内地高中预科班没有教材的空白，也为民族稳定工作提供了强有力的教育保障。

目前学校全员科研，全面科研，任课教师人人参与研究，研究呈现多样化形态。通过全校老师的不断努力，学校逐步做到了常规工作的课题化、项目化、成果化、专业化、高效化，学校的"魅力研修"被推进到了一个新水平！

# 六、导师制推进教师成长

导师制起源于 19 世纪英国的牛津大学，它以言传身教的独特教育方式对学生产生了深刻影响，被美国教育家、普林斯顿大学原校长亚伯拉罕·弗莱克斯纳（Abraham Flexner）誉为"世界上最有效的教育关系"。导师制应用于中学教育管理，最早始于美国。美国的中学在课程教学中采用了选课走班、学分结业的模式，因而在管理中以导师制替代了班主任制，之后逐渐被众多实施学分制结业的国家重视和完善。

在我国，中学导师制的研究和实践始于 20 世纪末，国内多所著名中学相继进行了导师制的尝试。国内中学实施的导师制主要是针对传统的班级授课制下班主任管理的缺陷、中学生的心理和学习特点来进行的，它让所有的任课教师都参与了对学生的管理和指导，促进了师生之间、教师之间、学生之间、家校之间的互动合作，形成了全员育人的氛围。

曾军良校长称，"教书"的价值在"育人"中实现。"教书"和"育人"，"育人"是大目标，"教书"为"育人"服务。教育是培根铸魂的事业，教师须在"育人"中探寻规律、锤炼品格、升华思想。在"教书"的同时"育人"，才能成为塑造学生灵魂的精神导师；只"教书"，说到底就是教书匠，无须花费太多精力便可以做到。而作为培养新时代优秀人才的灵魂工程师，必须用心血、用爱、用智慧、用思想，才能培养合格的公民！

北京实验学校实行的"魅力导师"制度，主要有如下内容：导师经常与学生进行心灵沟通，了解学生的思想状况，帮助学生树立积极向上的人生观和价值观，推进学生的思想进步；为学生开展生涯规划教育，引导与帮助学生树立人生理想，注重起点上的终点思考，学会制订学年、学段成长计划；开展多种形式的导师教育，努力培养学生的挑战精神与耐挫折能力，不断创造自己的人生冠军；关注学生的个性发展，指导学生合理选择课程、分配学分、根据自己的特点和志向制订个人的学习计划，并落实在每天的行动中；对学生进行学习策略和学习方法的指导，培养学生的自主学习习惯，提升自主学习的能力；指导学生参加社会实践活动，积极参与班级建设，培养学生的协作精神和适应社会的能力；关注学生的心理健康，指导学生解决各种心理困惑；关心学生的生活，向家长宣传学校的办学理念和教育教学改革措施，协调好家长、学生、学校的关系，等等。

导师指导学生的原则包括：以学生为本的原则；因材指导原则；科学性原则；必修课与选修课协调进行原则；学生的重大选择必须经过父母或其他合法监护人同意原则；等等。

导师工作应该注意的问题有：双向选择；知己知彼，有的放矢；相互尊重，保护学生的隐私；含蓄委婉，防止说教；加强学习与研究，提升自身育人的能力与智慧；等等。

学校还对导师工作作出了以下具体工作要求：每天与学生见一次面；每周简短交流一次；每两周发送一条激励短信；每一个月开一次集体会议；每一个月进行一次深度对话与交流。

导师制在满足不同学生的发展需要上起到了重要作用，同时也对教师的成长发挥着作用。无论是班主任身份还是教师身份，职业属性均要求其与学生经常交流。导师制的开展，使得每位教师都有了与学生深入交流的机会，有助于提升教师与学生交流沟通时的技巧，营造和谐的师生关系，进而促进教学的有效开展，很大程度上促进了教师尤其是青年教师的师德建设。

# 七、完善九种研训机制

"教而不研则浅，研而不训则枯"，研训的生命力在于不断创新。面对教育教学改革实践中的问题，用研训的方式加以解决，无疑是一条行之有效的途径。研训要帮助教师找准定位，发挥专业引领作用，这是推动课堂教学改革、促进教师专业发展的重要力量。我校为推进校本研训工作的顺利实施，建立并完善了九种研训机制。

1. 学习机制。如业务学习制度、自学制度等。坚持工作学习化、学习工作化，创建学习化学校，树立教师终身学习的理念。

2. 对话交流机制。教师在工作之余，应就工作中的热点、难点进行交流，提升工作质量。

3. 研训连片教研机制。每学期与兄弟学校做一次资料展示交流活动，资源共享，优势互补，共同提高。每学年每位教师赴兄弟学校听优质课5—10节，并做比较分析，用人之长，补己之短。每学期邀请兄弟学校教学能手、学带、骨干教师深入我校听课、评课，参加教学沙龙。

4. 教学课题研究机制。通过对教学行为的反思发现小问题，将小问题变成小课题，进行实践和研究。

5. 教育科研评价机制。我们对全体教师的教育教学实绩的评价，坚持以学生、学校和社会评价相结合，改变以往单一的学校评价模式。在学生评价上，由学校教务处根据新课改精神制定具体的评分标准，每学期期末由学生对所有任科教师进行评价，学校根据学生的评价情况进行汇总，然后将结果在全校教师会上进行通报，并记入教师新课改成长档案中，年终纳入教师年度考核。在教师评价上，学校课程科研处定出评价教师的十项细则，每学期末分年级组织教师互评，并将各年级教师名单分表打印附后，让教师逐一对照打分。

6. 教学科研反思机制。每周至少写两篇课后教学随笔或反思日记，每学期期末进行教学实践反思总结。

7. 集体研究机制。这是校本培训的标志和灵魂，旨在加强教师间的交流与沟通，互相学习，共同成长，如集体备课制度、研讨交流制度等。其中集体备课程序为：自主探究，形成初案—集体合作交流形成教案—新课引领，课后反思。

8. 奖励和约束机制。将研训绩效作为教师业务考核的重要内容。

9. 教研工作一体化机制。学校研究、制定并实施幼小中一体化课程规划，深入开展幼小中"魅力课堂"策略研究，开展一体化大教研，一体化培养特长生，更新培训、研究模式，切实提高教师业务能力。

以上九种研训机制加强了集体研究，促进了学校、教师及课程实施等教学活动中的交流与对话、协调与合作，使学校、教师之间建立起积极的合作伙伴关系。

# 八、加强课程研修建设

加强课程建设是学校提高整体教学水平和人才培养质量的重要举措，它涉及教师队伍、教学内容、教学方法和手段、教材、教学管理等教学基本建设工作的诸多方面，是一项整体性教学改革和建设工作。所有的课程，无论是国家课程、地方课程还是校本课程，都要汇集到课堂中去。而课改的理念，最终也要在课堂上得到落实。

我校引领教师开设丰富多彩的课程，包括"十五年一贯制小初高课程衔接"、多学科综合实践课程等，开设熊希龄人文实验班、科学实验班、医学科学实验班、"1+3"实验班，参与课程开发与建设的教师达到 90% 以上。

为了提高学生未来适应社会与改造社会的能力，学校设计了走进社会、了解社会、关注社会的课程，开展了丰富多彩的游学活动，如深入工厂、农村、博物馆、文物古建、军营、科研院所、大学校园、街道社区等开展职业体验与调研活动等，学校还组织毕业班学生到熊希龄先生的故乡——湖南凤凰寻根、瞻仰熊希龄先生故居，传承自立自强的爱国思想；带领学生积极进行社会实践，去北京大兴野生动物园、蓝天城等地观摩学习；开展志愿者活动，引导学生积极关注社会、关注弱势群体等。

学校还组织师生设计有意义的"探春节""戏夏节""品秋节""暖冬节"等具有创新性、趣味性、教育性等特点的活动，每一次活动都会给师生带来心灵的震撼、精神的洗礼、信心的增强和文明的提升。

学校定期开展主体班会研究课、观摩课等课程。学校根据学生的年龄特征、成长规律等，开发了从小学到高中的系列班会课程，为学生的成长和班级发展成功导航，成为学生精神动力的加油站。学校开设的主题班会有"我的班规我制定""我的高中我的梦""我的班级我的家""我的职业我选择""今天养成好习惯，造就明天大未来"等，曾军良校长还专门为学困生上了示范课——在爱中奋勇前进。

随着互联网＋时代的到来，我们教育工作者要更新教育思维，变革教学方式，以开放创新、跨界融合的视角，构建以学习者为重心的课程体系。我校举办的"教育 3.0 时代"的课程重构主题论坛，大大开阔了教师的视野。

为了深化教育综合改革，学校还建构了魅力教育十五年一贯制幼小中衔接课程体系。学校每年召开各学科课程体系建构研讨会，着重就学校十五年一贯制魅力课程及各学科课程体系建设整体情况进行说明，强调要完善学科课程规划和课程评价标配制度，健全课程资源开发与课程改革保障机制，协同课程目标体系有机衔接，推进课程教材序列化、系统化、具体化、特色化和时代化等。

幼小中衔接课程体系的课程涵盖三个层面：学校层面重点研究小初一体化课程规划与实施策略；学科层面重点研究国家课程、地方课程、校本课程一体化实施；年级层面重点研究学段课程一体化及综合实践活动一体化课程。学校创新一体化课程衔接方式，包括课标衔接、知识结构衔接、教法衔接、学法衔接、作业设计衔接、课外活动衔接、教学创新衔接、学习心理衔接、教学评价衔接、德育模式衔接等。

经过课程领导小组的反复研究，学校研制出高中熊希龄人文实验班课程方案、"1+3"课程方案，并获得了市区教委的批准。从 2016 年开始，我校从全区初二学生中招收两个"1+3"实验班，开展"1+3"免试入高中的教学改革实验。学术委员会经过近两年的研究，制定出了高中熊希龄实验班实验方案。首届熊希龄人文实验班取得丰硕成果，我校因此被评为"北京市最具加工能力的领军中学"，高三熊希龄人文实验班被评为"北京市优秀班集体"，我校高中部被评为"2015 北京市三八红旗集体"。

我们研究课堂教育的实质是研究课改的深化，以及如何让课改在课堂这块肥沃的土壤里扎根。

# 九、学术委员会对"魅力课堂"的深化研究

"魅力教育"是指:构造"一方池塘",服务孩子"自然成长";点燃"一束火焰",启迪孩子"自己成长";敲打"一块燧石",引领孩子"自由成长";推开"一扇大门",促进孩子"自觉成长"!这一思想呈现开放性、多元化和包容性的特征,是一种正确的科学的教育理念,它最大的特点是没有禁锢教师自我的思想和创造性,提倡教师开展自己的学术思考,不搞"模式"和"套路"。因此,教师们都是"魅力教育""身怀绝技"的探路者,学术委员会开设"魅力课堂我来评",就是促进教师彼此交流、互相学习,使教育之路越走越开阔的重要方式!

学术委员会是由学校的高水平教师组建的一支学术性研究团队,职责是在"魅力课堂"的课堂模式、评价标准、考察工具、课例分析等方面进行深化研究,并形成成果进行记录。为了调动参会教师的兴趣,学术委员会改变了使用报告发言形式的同时,使用了"圆桌会议"和"学术沙龙"等方式。

学术委员会成员在日常的工作中,首先积极引领全体教师研究、开发与整合必修、选修课程;积极带领本组教师开发校本课程,为学生提供丰富的课程选择。其次积极推进常态课教学研究,与以往的听课、评课局限在教研组、学科组内部不同,现在的全体成员把听评课当作日常工作,积极主动走进教师的常态课堂,一方面把年级组推向教育、教学的双向研究,另一方面也为不同学科之间提供了一个更好的交流与学习平台,还积极推进了魅力课堂的分阶段建设。

学术委员会的研修内容包括：第一年为校长讲解"魅力教育"；第二年在听课后由特级教师、学科带头人进行汇报，重点讲解魅力课堂建设中的亮点与问题，由校长进行点评；第三年为学术委员会成员抽签汇报"魅力课堂"建设中的特色、魅力点、问题与解决的办法，由校长进行点评；第四年为学术委员会成员抽签汇报"魅力课堂"探索中的创新实践活动、专项问题的学术研讨等，由校长进行点评；第五年为学术专家专题讲座、学术问题头脑风暴、魅力教师汇报魅力课堂探索中的成长等；第六年为创新论坛。

# 十、建构魅力课堂

在学校关于建构魅力课堂的调研中，魏同学说："我对在实验室连电路那节课印象深刻，因为动手实践使得记忆更深刻。"迟同学说："不同物质导电性那节课，因为有实验所以很吸引人。"樊同学说："我对电学实验课印象深刻，因为可以记住一些实验步骤。"这提醒我们：实验教学要始终贯穿于课堂中。因此学校十分重视系统开展魅力课堂的理论研究与实践探索，首倡十五年一贯制魅力教育，旨在创造最有魅力的课堂，办最适合学生发展的教育。

教育家布鲁姆说："高峰学习体验是极为生动的，以至学生在多年后还能详细回忆起来……一般说来，它们是对学科产生新的兴趣的源泉，是重大的态度与价值变化的刺激物，它们起到了使学习变得真正令人兴奋的作用。"让学生拥有高峰体验，需要使自己的课堂教学具有思维密度、思想深度和情感温度，需要培养学生的思考力。北京实验学校一直致力于常态课堂的打造，力求教与学的深度融合，激发学生内在的精气神和成长的动力，扎实推进魅力课堂建设。六年来，幼小初高各学部、各学科、各年级开展了魅力课堂的理念探索与实践研究，取得了丰硕成果，魅力课堂正逐步成为美丽、合作、开放、分享、思考的课堂。

学校还打造了魅力课堂"一二三"工作思路。"一"是"一个意识"，是指创建区、市、全国品牌学校的意识。"二"是"两种精神"，是实干精神、创新精神。"三"是"三项原则"，是严谨、开放、反思的工作原则，严谨就是要在施教上慎之又慎；开放则既要教学生掌握书本知识、建立学科知识与外部世界的联系，又要兼容百家之言；反思就是要克服模式化，进行反思性研究。可以说，严谨是一种治学态度，开放是一种育人方法，反思是一种提高手段，三者相辅相成。

学校还提倡"三次备课"课堂的教学魅力，常常可以让我们看到教师的智慧、教育的智慧。那么，智慧究竟从哪里来？来自我们提倡的让大家"备三次课"。于漪老师说："我是怎么成为一个名师的呢？我通常会备三次课。收集丰富的资料，在阅读资料的过程中第一次备课；把所有的资料都抛开，独自备课；上完课后，再重新备一次课。第一次备课的丰富资源，帮助我理解知识，丰富我的教育信息，但是那些都是别人的，所以我第二次备课把资料都抛开。上完课就结束了吗？没有。我不是写教课的日记，也不是写教课的手记，而是把这堂课重新备一次。"

学校"魅力课堂"主张课堂"四点"：亮点，引发学生"眼前一亮"或"记忆犹新"；美点，唤起学生"美的感受"或"情绪愉悦"；创新点，启迪学生"尝试、体验、创新、智慧"；改进点，发现不易被自己和学生察觉的小问题、小习惯。

学校还每年举办一次"魅力教学节"系列活动。2016 年举办的规模宏大的魅力课堂教学节活动，有来自全国各地兄弟学校的领导与教师，幼小初高的家长代表，市、区领导与教研员近千人参加。40 余节市级魅力课堂受到了北京市教科院 30 多位专家的充分肯定，得到了来自全国各地近百名校长、教师的广泛赞誉。时至今日，我校已经涌现出一大批兼具魅力型与实战型的教师。

学校还积极抓集体备课，发挥集体智慧。备课组共同探讨教学中出现的问题，如教案、课例、随笔、教学课件、学案等，分工协作，群策群力，共同建立各个学科的练习题库、教学资料库、教学课件库，做到真正意义上的资源共享。备课组组长按照"个人—集体—个人"的备课程序，组织全组教师的备课工作。教师必须参加每周的集体备课，集体备课要做到"一坚持"（坚持每周不少于一个小时的集体备课）、"两公开"（信息、资料公开）、"三确定"（定时间、定内容、定中心发言人）、"四统一"（统一进度、统一要求、统一重点和难点、统一作业和单元测验）、"五到位"（准备到位、人员到位、效果到位、记录到位、考评到位）、"六准备"（备深教材、备透学生、备好教法、备准学法、备活过程、备全自己）。

学校还重视教研组研修，研磨魅力课堂，并围绕魅力课堂，引导教研组进行思考，如：探究"提高课堂学力"的途径；探讨"激发学习活力"的办法；探究"增强教学魅力"的策略；等等。此外，学校还围绕"魅力课堂"开展了主题学习活动；由校长进行培训，受训教师写"魅力课堂"学习体会；举办名师讲座，教师写"新课标"学习体会；组内教师互相听课、评课；全员参与集体备课活动和听课等。上课教师在自己的教案中开发亮点，在创新点设计环节下大功夫、钻研教材、研究学生，使需要改进的问题得到纠正。听课教师善于发现亮点、美点、创新点，并提出自己的想法、观点，帮助授课教师找到改进点。

我校的骨干教师就是这样在不断思考并总结课堂教学和教育思想后，将自己的教学反思总结提炼、自我完善，主动、积极将自己培养成为专家型、学者型的教师，发挥了示范引领作用。伴随学校与日俱增的知名度和美誉度，学校的管理理念和创新实践做法也越来越受教育界同人的推崇和学习，吸引了多个省市的领导和教师前来我校学习。

# 十一、关注教师身心健康

学校组织教师舞蹈队、合唱队、健身队、游泳队等定期开展活动，也经常开展游艺活动、读书交流活动、生日聚会庆典活动、送鲜花活动、魅力人物颁奖活动、歌咏比赛活动等。丰富多彩的活动助推教师的健康，促进了教师事业的发展。

# 十二、开设魅力大讲堂

为提升教师文化素养和职业激情，学校还开设了魅力大讲堂，邀请"神舟"号飞船首任总设计师戚发轫院士等名家举办讲座，大大开阔了我校教师的视野，激发了教师的职业激情。

# 十三、全方位管理团队研修

学校对干部培训常抓不懈。学校领导干部肩负建班子、带队伍、抓建设、谋发展的重任，领导干部水平的高低将直接影响学校的办学水平和发展状况。

北京实验学校教育集团精心打造行政管理与学术并行的管理体制，加强干部培训工作，每周召开干部行政管理培训会或学术会，积极提升干部素质。除了集团每周的干部培训外，学校还要求各学部每周都要组织干部进行专题培训，通过干部论坛、干部包班级、干部包年级、干部包备课组、干部包教研组等多种方式对干部进行培训，增长干部的学识、开阔干部的视野、拓展干部的思维、增强干部的素质、提升干部的能力、提高干部的水平。北京实验学校教育集团始终在基础教育探索与改革创新的道路上前行，在曾军良校长的带领下，为学生提供优质的教育。

干部培训每年都有不同的侧重点。如：第一年（2011年7月—2012年6月），校长为主讲教师，围绕干部管理专业化进行系列培训；第二年（2012年7月—2013年6月），校务委员轮流讲课，推进校务委员的专业化思考；第三年（2013年7月—2014年6月），中层干部轮流讲课，推进管理中的微观创新；第四年（2014年7月—2015年6月），青年干部成长汇报，在头脑风暴中提出建议与期望；第五年（2015年7月—2016年6月），优秀组长、学带班主任、学带教师轮流给干部讲课，让一线教师走上教师型教育家成长之路；等等。

学校积极听取全体教师意见，接受全体教师监督，认真组织网上测评；定期召开民主生活会，组织教师开展批评与自我批评，在自我反思与改进中前进；加强对干部工作的考核与评估，实行干部能上能下制度，让能担当者上，不能胜任者下；建设一支实干型、创新型、智慧型干部队伍，这是现代学校发展的前提，我们全体干部要高标准要求自己，自觉走在前进的道路上。干部培训还有多种方式，如利用寒暑假进行干部的集中学习、邀请专家学者培训、走出校门学习考察、举办北师大国培标准的高端教师研修班与高端管理研修班等。

学校依据十年远景规划，着眼未来发展目标，坚持以人才队伍建设为根本，以制度建设为动力，以科研平台建设为基础；强化学科优势，凝练学科特色，构建多学科协调发展的学科体系；努力实现我校由教学型学校向学习型、学术型与研究型学校转变，为学校今后的更大发展作科研人才的准备和积累。

做幸福的教师，是目标；幸福地做教师，是实践；做教师的幸福，是成功。今天的北实人酷爱教育，追求崇高的教育意义，努力行走在基础教育改革与创新的道路上。

# 第四章

## 魅力教师的小秘密

在信息高速发展的今天，我们从事基础教育，向 21 世纪的学生授课，尊重与激励变得十分重要！尊重，原是指重视比自己地位高的人的心态与言行，现在已逐渐引申为平等相待的心态与言行——即无条件承认并接受对方的一切，不因自己的好恶而挑剔、指责和论断。人的内心都渴望得到他人的尊重，但只有尊重他人才能赢得他人的尊重。尊重他人是一种高尚的美德，是个人内在修养的外在表现，是一种文明的社交方式，是顺利开展工作、建立良好社交关系的基石。人会受到种种不同的震动：有的在脊椎骨上，有的在神经上，有的在道德上，而最强烈、最持久的则在个人尊严上。激励则是指持续地激发人的动机和内在动力，使其心理过程始终保持在激奋的状态中，并朝着目标采取行动的心理过程。

通过对学生的尊重与激励，我们积极践行魅力教育的理念：如果我们的所有学校都能够成为另外一种品牌学校——普适品牌，那么我们的教育一定是充满魅力的。何为"普适品牌"？"普"即普通、普遍；"适"即适合、适用、舒适。人们眼里的好学校通常是这样的：他们拥有最好的生源或者最好的硬件设施，让人们趋之若鹜。但是，更多的学校没有优质的生源，也没有齐备的设施，那么这些学校中，有能够成为人们眼中的好学校，让学生取得最大进步、获得最好成长的吗？我的答案是有，这就是我们想创造的、想追求的第三种好学校！无论怎样的生源，无论怎样的硬件和软件条件，我们都可以让学生取得最大的进步，获得最好的成长。

　　我们的教育充满爱与智慧，充满激励与正能量，适合每一位同学的进步与成长；适合每一位教师的提升；适合每一所学校的发展；满足每一位家长的期望与希冀。我们相信每一位老师、每一位同学、每一个人心中都有向上与向善的希望，存在于大千世界的每一个个体都有自己的特色与长处。我们希望做每一位学生的伯乐，发现、挖掘出他们的潜能；让每一个生命都精彩、快乐、幸福地生活、学习、成长！

　　一个人的生存价值体现在哪里？可能更重要的是被需要。我们希望每一位教师都深刻体会到人生的价值，希望每一位教师的教育生涯都是完整的、幸福的。你可能万万想不到，哈佛大学排名第一的课程，不是时髦的经济学课程，也不是实用的法律课程，而是沙哈尔主讲的"幸福课"。"幸福课"为何在哈佛大学大受欢迎呢？"因为大家过得越来越不幸福。"沙哈尔说。越来越有钱，却越来越不快乐，已成为全球性现象。为何越有钱反而越不幸福了呢？沙哈尔说："因为追求幸福的方法错了。"

　　以追求物质的方式追求幸福，只会离幸福越来越远。爱因斯坦说："同一层面的问题，不可能在同一个层面解决，只有在高于它的层面才能解决。"物质层面，永远无法解决幸福的问题，幸福的问题只有在内心的层面才能解决。怎么解决？一是在心理层面提高创造幸福的能力，二是在心理层面提高感知幸福的能力。

　　芬兰前总理阿赫认为，给孩子最好的教育，就是给他最好的人生。"最好的教育"在苏格拉底的心中就是"点燃火焰"；在柏拉图的眼里就是"教育非他，心灵的转向"；在亚里士多德的话语里就是"人性的改良"；而孔子则将其定位为"大学之道，在明明德，在亲民，在止于至善"；孟子的解释则是"天命之谓性，率性之谓道，修道之谓教"；许慎则有更本源的定义："教，上所施下所效也；育，养子始做善也。"我们以为，最具魅力的教育是：构造"一方池塘"，服务孩子"自然成长"；点燃"一束火焰"，启迪孩子"自己成长"；敲打"一块燧石"，引领孩子"自由成长"；推开"一扇大门"，促进孩子"自觉成长"。

有一个"鱼缸法则"：养在鱼缸中的热带金鱼，三寸来长，不管养多长时间，始终不见金鱼生长。然而将这种金鱼放到水池中，只需两个月的时间，原本三寸的金鱼就可以长到一尺。对学生的教育也是一样，他们的成长需要自由的空间。

孔子说："知之者不如好之者，好之者不如乐之者。""乐以忘忧，不知老之将至。"只有教师能够从自己的工作、学生能够从自己的学习中领略出趣味，生活才有价值。但我们怎样去实践呢？这是值得我们花时间和精力思考的！

作为现代的教师，在信息千变万化的今天，我们应该反思这样几个问题：怎样用昨天的知识培养今天的学生，使其拥有明天的未来？如何服务学生自然成长？怎样启迪、引领并促进学生自己成长？

有人说，真正的文化人应该具有根植于内心的修养，拥有无须提醒的自觉，以约束为前提的自由和为他人着想的善良。我们今天培养的学生首先应该是有文化的人，尊重和激励可以让他们更好地成为真正的文化人。而尊重和激励对于我们这一所百年老校来说，在我们的办学历史上得到了真正的体现。北京实验学校的前身是香山慈幼院，由我国著名慈善家、平民教育家、民国政府第一任总理熊希龄先生于 1920 年 10 月创建于香山静宜园，当时主要招收孤贫儿童进行免费教育。

熊希龄先生的教育观中就蕴含着尊重与激励。儿时的熊希龄先生天资聪颖，才思敏捷，文采斐然，被誉为"湘西神童"。相传他在沅水校经堂读书时，有一年的花朝之日，学生们聚在一起观赏奇花异草，吟诗作画，有的画了牡丹，有的画了荷花，有的画了兰花。只见熊希龄在洁白的宣纸上画了一株棉花，枝叶俊秀，蓓蕾初绽。因为中国画史上，向来少有以棉花入画的，大家暗想这等没出息的画怎能登大雅之堂呢？先生不动声色，画完后于留白处题了七个字："此君一出天下暖。"这七个字真如画龙点睛，当即震动全场。我想，先生是想借棉花言志，温暖天下。他是这么说的，也是这么做的，所以才有了香山慈幼院的诞生。熊希龄先生要求教师对学生要"爱生如己所生"，倡导"报我子孙及永寿，育之道德以终身"。

今天的教师也应将学识带给学生，将温暖带给四方。曾军良校长也是如此，他引领实施的魅力教育，正是办学生向往的教育的实际体现。

教育学首先是关系学。教育的对象是人，教育关系归根结底是人与人的关系。因此，人与人的关系是教育关系中最根本的关系。在教育的过程中，最主要的关系是教师和学生的关系，这是一种特殊的社会关系，是教师和学生为了实现教育目标，通过教与学的直接交流活动而形成的，是一种多性质、多层次的关系。师生关系是教育教学过程中最重要、最基本，同时也是最经常、最活跃的人际关系，因此想要好的教育必然要有好的师生关系。

那么教育是什么呢？雅斯贝尔斯在《什么是教育》一书中，开篇便阐述了他对教育的理解，"所谓教育，不过是人对人的主体间灵肉交流活动（尤其是老一代对年轻一代），包括知识内容的传授、生命内涵的领悟、意志行为的规范，并通过文化传递功能，将文化遗产教给年轻一代，使他们自由地生成，并启迪其自由天性"。教育面对的是沉甸甸的生命和灵魂，它需要教育者"掌握一种神奇的力量，他们唤醒自己，也唤醒他们接触的人"。牛顿发现的万有引力，是大自然内在的科学规律。而博大深邃的师爱，是教育王国的万有引力，是教育走向成功的基本前提。它也是人世间最崇高的感情，似春雨之润物，无偏无蔽；似阳光之播撒，均匀流布，不会使任何一个学生的心田因得不到它的滋润而干涸、黯淡。用师爱加各种教育唤醒的手段和方法，如信任和宽容、惊叹和鼓励、期待和发现、启发和引导，教育就会变得灵巧而有效，从而产生"神奇的力量"，帮助年轻的心灵唤醒自觉意识，带领他们逐渐走向深刻、走向丰富、走向完善。唤醒是心灵与心灵的对话，是生命与生命的交流，是教育者的情感与智慧所孕育的人格的碰撞和交融。《孩子，把你的手给我》《老师怎样和学生说话》等专著的作者美国著名心理学家海姆·G.吉诺特说过这样一段话："我惶恐地意识到，我成了教室里的一个决定因素。我个人的方法可以创造出教室里的情境，我个人的情绪也可以左右教室里的气氛。作为一位教师，我拥有巨大的力量来让孩子们过得痛苦或者欢乐。我可以成为折磨孩子的工具，也可以成为鼓舞孩子的火花。我可以带给他们羞辱或者开心，也可以带给他们伤害或者拯救。在所有的情况下，一次危机是骤然升级还是逐步化解，一个孩子是获得进步还是日益堕落，我的态度都有着重要的影响。"

石中英在《教育哲学导论》中认为，"语言是人存在的基本组成部分，对人语言权的剥夺，就是对人存在的剥夺，教师的独白就是一种暴力"，任何"教育中的强制都意味着分离、侮辱、反叛"，"教育中的关系是纯粹的对话关系"。对话是探索真理和自我认识的途径，是真理和思想的实现。因此，确立教育的对话本质，就开辟了教育的主体间性领域，体现了对师生双方主体的尊重。在这种关系中，师生双方的主体性得以彰显。确立教育的对话本质，意味着教育从传递知识到生成知识的转换，体现了教育的创造性追求。对话教育中，知识不再是教育者以独白的方式传递给受教育者的静态的书本内容，而是动态的、开放的、生成的，"对于学生来说，学习不再是被动接受，而是发生在对话与合作之中的知识生成"；确立教育的对话本质，意味着教育重新开始了对人的关注，体现了教育的人性化追求。"我—你"关系体现了现代教育师生关系的本真内涵，是对传统教育师生关系的超越。师生双方在互相尊重、信任、平等的立场上，通过言谈和倾听进行双向沟通和交流。《教育——财富蕴藏其中》就明确指出，面对未来教育的挑战，教育必须围绕四大支柱来重新设计和组织，即学会认知、学会做事、学会与人共处、学会生存。交往与沟通能力的培养贯穿其中。学会认知是培养学生如何与符号化的"文本"交流与沟通；学会做事重在锻炼学生与他人、集体、社会的交往与沟通能力，不仅包括动手技能，还包括处理人际关系的能力、管理和解决矛盾的能力，以及与他人和世界及周围环境相互沟通的能力。比如对于新入学或新开学的学生来说，什么最重要呢？喜欢的学校、喜欢的老师、喜欢的同学最重要，这比考 100 分重要 100 倍。为什么呢？原因很简单，儿童最重要的发展是逐步成为一个社会人，而学校就是他的第一个社会环境。所以，学会与人友好相处，是新生最需要的本领，也是学习知识的前提条件。

# 一、建立以和谐为核心的新型师生关系是实现和谐教育的基础和前提

从心理学角度看，和谐是"美好事物的基本特征之一，指事物和现象各个方面完美的配合、协调和多样的统一，在心理机制上使人愉快、满足，并唤起人们对生活的热爱"，"和谐不是事物各个分散部分外在的联合在人感知中的印迹，而是它们基于本质联系的内外统一和相互渗透通过感知在人的情感和理智中产生的一种积极反应"。和谐的师生关系是师生心灵相通，师生间处于平等、信任、理解的状态，由此所营造出的愉悦的教育氛围，转化为强大的教育力量，可以激励学生自我完善，并为教师运用各种教学教育手段提供条件！和谐师生关系的构建，很大程度上取决于教师。教师精深的学问、友好的态度、高尚的人格、浓厚的教学兴趣、适当的情绪表现以及合理的言行，都将成为学生观察以及模仿的对象。对于学生来说，教师的人格、教师的素养是任何力量都不能替代的最灿烂的阳光。

那么，怎样才能建立和谐的师生关系呢？首先，我们需要更新理念。有这样一个故事：一个中国教育考察团到英国的学校听课时，发现在英国的课堂上，偶尔会出现这样的场面——教师为了使自己的视角能和学生保持在一个水平面上，甚至跪在地上和学生交谈。去听课的中国老师大吃一惊，课堂上下跪，哪里还有师道尊严？但那位英国老师完全没有注意到旁观者惊诧的表情，依然故我地跪着和学生无拘无束地交谈。那么如何让师生关系变得更加和谐呢？需要我们蹲下来倾听学生心灵的声音，需要我们走入学生的内心理解他们。教育的艺术其实首先是倾听的艺术，教师最大的特点就是"我的地盘我做主，我说你听"，所以我们最容易犯的错误就是自以为是，我们需要转变自己的角色，不再仅仅做一个知识的传授者，而是做一个能影响他人的引导者，和学生一起交流的合作者，拥有正确的教育理念并付诸实践的研究者。在日常的教育教学过程中，我们需要与学生积极互动，遵循他们的身心发展规律，挖掘他们的潜在能量，关注他们的动态发展过程，鼓励他们展示完整的自我、独特的个性，承认他们的彼此差异。

构建和谐的师生关系，我们需要处理好严格要求与疏导教育的关系、言教与身教的关系、师长与朋友的关系、表扬与批评的关系。我们要有向学生学习的勇气，向学生学习的过程也是挖掘学生优点的过程，是进行情感交流的途径，可以由之前的单向交流变为双向交流。教师与学生之间形成真挚的情感关系，互相尊重、合作、信任，有利于学生的人格得到最充分的发展，有利于学生获得成就感与生命价值的体验，获得人与人交往的积极实践，建立健康的人格。孔子说"三人行必有我师"，其实学生也是我们最好的教师，他们有很强的学习能力，认识到这一点，也有利于我们与学生相处时建立和谐的关系。

在建立师生和谐关系时，我们要特别注意和潜能生的关系，需要将处理潜能生的转化问题放在首位。对于教育工作者来说，我们要反思这样几个问题：所谓的"差生"是怎样造成的？"差生"的始作俑者是不是就是我们自己？当一个学生在某个科目的学习中连续遭受打击时他是不是会放弃在这个学科上的努力，进而导致偏科？也许真的是我们的一个疏忽、偏见，让学生被一种错误的、习惯性的认知束缚住了，从而成为所谓的"差生"。他们需要我们给予信心，明白只要可以冲破坏习惯的束缚，便可以成为自己的人生冠军。当然任何成功都不是一蹴而就的，没有人能够一口气吃成一个胖子。教书育人，同样要慢工细作，需要有持久的耐心。如果我们遇事爱冲动、不冷静，特别容易伤害学生们的自尊心和自信心。任何一个学生，都有自己的特长、自己的爱好、自己的特点，我们只需要有一双发现的眼睛。我们应该时刻牢记陶行知先生曾对教师说过的话："你的教鞭下有瓦特，你的冷眼里有牛顿，你的讥笑中有爱迪生。"

家长是孩子的第一任班主任，而且是永远的班主任。但是家长们没有进过专门的家长学校，没有学过专门的家长专业，更没有读过专门的家长教材，并且没有实习期直接上岗，因此对学生的教育更加需要家校之间的紧密合作，我们在关注学生的家庭教育时，有一些特殊家庭可能需要进行足够的关注，例如离异家庭或者其他原因造成的单亲家庭。这些家庭成长起来的学生可能会有一些弱点。第一，沉默。这些学生往往自卑感比较强，自信心比较弱，非常敏感，他们就像容易受伤的刺猬，不敢和别人交流，但实际上他们内心特别渴望亲情和温情。遇到这种类型的学生，我们更加需要对他们爱护关心，用细致的语言、温柔的动作，去引导、吸引他们参与我们的集体活动，去激励他们和同学们一起完成各项工作，发挥他们的特长。我们在班上实施的项目负责制就是针对每一个学生的特色设立工作岗位的，目的是让所有学生都能承担起工作职责，获得同学们的普遍认可。第二，"坏孩子"。这种类型的学生往往需要教师与他们斗智斗勇，他们看上去比较调皮，特别聪明，也特别难管，是其他人口中的"坏孩子"。对这种学生，我们需要使出"十八般武艺"，让学生真正能够感受到教师的关爱从而敞开心扉，再对其在学习上或者生活上给予帮助，采取一些有针对性的措施。

在与学生沟通时，心理沟通是最为重要的。都说"一把钥匙开一把锁"，师生的良好沟通是我们打开学生心灵之窗的钥匙，是教育成功的秘诀之一。首先，我们要懂得今天的学生，倾听他们的声音。在与学生沟通时，我们要注意三点：第一，俯下身来以学生的口吻多询问。第二，巧妙利用不同的环境、不同的事情找到谈话的契机。第三，有一双发现的眼睛，善于观察学生的一举一动，与学生们谈话的时候，选择非正式的场合，如下课后、广播体操后、劳动时或放学回家的路上。如果能够同时参加一些实践活动更好，同时参加的体育活动、文艺活动，或者同时参加的项目的研究、学习，都是我们和学生进行沟通的好时机。但是无论在什么时间什么场地谈话，要想谈得好、有收获，最重要的是谈话的突破口，需要选取学生最感兴趣的、最熟悉的话题，从而让他们打开心扉解除顾虑，透过每一个学生细小的表现，发现问题、解决问题。英国大文豪莎士比亚说："赞美是照在人心灵上的阳光。"因此，我们在与学生交流沟通时，要尊重学生、激励学生。今天的教师教书，并不只是为了传授学生本领，更重要的是要激励和唤醒他们。这绝对不是只说"你真棒""你太棒了""你表现太好了"等言不由衷的话，而是需要我们像放大镜一样发现每个学生的特点，然后科学地、系统地、持之以恒地使他们的特点成为优点，直到他们成为自己的人生冠军。所以我们说"会欣赏学生的老师是最幸福的，被老师欣赏的学生是最快乐的"！

# 二、教育成功的秘密：从尊重开始

爱默生说："教育成功的秘诀在于尊重学生。"但中国封建社会在相当程度上限制了尊重这种文化因子的发育，传统教育中长期把听话作为最有价值的标准之一。在我们的教育生活中，很多时候我们都没有做到充分尊重学生，没有把他们当成一个个鲜活的有思想感情的生命个体，只是用俯视的姿态把他们当作自己的管理对象。

一位青年教师写的教学案例中有这样一段话：有一次，我在批改女生小赖的随笔时，发现那篇随笔写得文美情深，远远超出了她平时的写作水平。于是，我随手写下了这样的评语："美文也！是你原创吗？"我的本意是赞叹这篇文章写得很好，想确认一下是否是她所写，并没有批评她抄袭的意思。结果小黄同学对我说："老师，你把小赖惹哭了。"我莫名其妙，细细了解才知道，原来小赖对评语的理解是我不信任她，认为那篇随笔不是她写的，因此十分伤心。我当时不禁慨叹学生的敏感脆弱，随后又反思自己，发现自己的心思确实不够细腻，随手写的评语伤了小赖的心，后来我又深入反省，发觉自己之所以写出这样的评语，根源在于内心对学生不够尊重。假如她是我的领导或者同事，我肯定不会轻率地写下这样的评语；假如我把小赖当作一个有独立人格的人，而不仅仅是我班的一个学生，那么我在措辞上肯定会更谨慎一些。作为老师，我们真的需要时时反问自己：所言所行，做到尊重学生了吗？

尊重学生要从我们内心的转变做起。要真正做到尊重学生，首先需要知道每个学生都是不一样的，世界上没有相同的两片雪花，我们必须感受到每个学生的个性。有时候他们的所作所为和我们的要求格格不入，于是我们觉得难受，觉得不可理解，就去埋怨批评，甚至想去改变他们，说："我是为了你好，是为了你今后的发展……"但是，也许我们就这样在无意之中损害了学生的个性发展。不是所有的花儿都在春天开放，如果是腊梅花，需要等到冬天才会开放，而我们只需要耐心等待。

尊重学生需要自觉遵守师生交往原则、学习规则。现在是法制社会，人和人之间的相处不能只靠情感，还需要法律道德来约束。没有规矩不成方圆，我们同样需要严格要求学生，甚至可以对为所欲为、屡教不改者进行必要的惩罚，这并不有违我们对学生的爱，但具体如何实施，需要用心去揣摩与体会。

尊重学生是教育工作者必备的素质。社会对人才的需求越来越多元化，我们需要以人为本，培养人的创新精神、反思和实践能力。我国有"以人为本"的思想，西方也有教育本质上就是对个体主体的培养过程的观念，两者的角度可能不同，但本质是一致的。每一个学生都是独特的个体，我们必须尊重每一个个体，让每一个个体在我们的教育教学过程中得到充分发展。首先我们需要尊重教育规律，正确的教育思想和育人观在某种程度上决定了我们教育的方向和教育的行为。著名物理学家杨振宁曾进行过一场名为《物理学的诱惑》的演讲，当时有一位中学物理教师问"学生对物理兴趣不浓应该怎么办"，杨振宁笑答："不是每一个学生都应该念很多的物理，真正研究物理学是少数人做的事情。"这个回答出乎提问者的意料，但却道出了教育规律的本质之一：尊重教育规律，就是尊重人的发展的客观性。我们还需要学会尊重学生的差异。美国心理学家霍华德·加德纳的多元智力理论就指出：人的智力表现为七种或更多种智力的多种组合，这就形成丰富多彩的智力结构，形成数不胜数的智力特色。而学校正需要建立多样的教育活动，才能使学生的个性获得恰如其分的发展，才能完成我们培养人才的使命。因此我们开设了只有第一志愿的社团选修课，每个学生到学校之后都会有一张志愿申请表，可以填写自己最喜欢的社团选修课。只要有超过三个学生选择一门课，我们就将安排对应的辅导老师和学生们一起来学习、选修这门课。从社会的发展来说，多样性的教育是可持续发展的逻辑起点和客观前提，也是我们教改的必经之路。我们还应学会尊重学生的生命诉求。按照马斯洛需求层次理论，人如果能生存、有安全感、有归宿感、受到尊重、可以实现自我价值，就可以获得快乐。现代社会中，人的生存需求已经获得了满足，其他四种需求就落在人的精神诉求上了，而民主、平等、公正、自由是人最迫切、最基本的精神诉求。只有尊重每个个体生命，尤其是尊重人的精神诉求，我们才能发自内心地去关爱我们的学生。比如我们学校的师生经常一起参加社会实践活动，同吃、同住、同研究、同学习、同反思、同探讨。生活上的民主平等关系拉近了师生的距离，让教师和学生真正成了无话不说的知心朋友，所谓亲其师、信其道，这无疑可以极大提升学生学习的主动性。我们的校长和教师每天早晨都会站在学校大门口，对每一位学生道"早上好"，放学的时候还会对每一位同学挥挥手说"再见"。学生们每天都沐浴在校长和教师的微笑中，感受教师们的深情厚意，因而越来越热爱学校，并真正把学校当成自己的家。

被充分尊重的人最容易自尊。孩童之所以能够学会自己说话，是因为他们在进行一种自我教育，这是一种能伴随学生们终生的教育能力，他们的自我反省、自我反思、自我批判性思维将为成长添砖加瓦。自我教育的过程中不可缺少的是尊重、欣赏与激励。英国牛津大学实行的"荣誉制度"，即充分相信学生都是正人君子，比如给每个新生一把可随时打开学校及图书馆大门的钥匙，考试不需要监考等。这表明，越被充分尊重的人越容易自律、自尊。

热爱学生是尊重学生的首要条件。咿呀学语的孩子，当他无意识地说出"妈妈""爸爸"的时候，会马上得到所有亲人的鼓励，如爸爸妈妈的笑脸以及温暖的拥抱。正因为有了这些，孩子才会说出更多的词语，才会有勇气不断模仿发音，思考词语的含义，去进行更深入的语言学习。这一切能够顺利完成都是因为亲人的爱。学生的学习何尝不是如此？我国著名的教育家夏丏尊先生指出："教育没有了情爱，就成了无水之池。"学生每天早晨都能在校门口得到教师温柔的问候，放学时也能够在校门口听到教师亲切地说"再见"，大考之前能够得到教师温暖的拥抱，课堂上能够看到教师温柔的眼神，一定会更加信任教师。而当学生亲近、信任教师的时候，我们便开始赢得学生的爱戴和信赖，我们的教育便开始成功。

平等对待是尊重学生的根本方式。课堂上，我们常常采取将座位围成圆圈的方式来上课，教师和学生都是圆圈中的普通一分子，平等地坐在一起。上课的时候，教师会多次走到学生中间，融入他们的小组讨论，发表自己的见解。学代会的会议上，校长和教师也都是以普通会议代表的身份和同学们进行沟通交流。此外，学校的干部、教师每天和学生们同桌吃饭，倾听学生们的心声，了解学生们的真实情况。也许在其他场合，学生会认为校长和教师高高在上，因此敬而远之，但在此时，几个人随意而坐、随意而谈，环境的改变使学生们变得自然而从容，谈话的内容也就更加真实贴心。种种这些，其实都是缩短师生心灵距离的方法，这种对学生的平等对待本身就是一种尊重，是对他们人格的承认。

读懂学生，走进学生的内心，才能真正尊重学生。我们经常进行各种形式、各种内容的调研，并利用调研的数据了解学生们的需求。在高三毕业班里，我们以匿名的方式向学生做调研，了解他们最喜欢或者最不喜欢家长说的话。经过统计，我们发现学生最喜欢听到家长说的十句话是：

1.考出你的水平就可以了，我们会满意的。

2.别担心，你会成功的。

3.别紧张，把心态放轻松了，一定不要带着负担去考试。

4.高考不应该是你的唯一目标，它只能检验出你实力的一个方面。

5.你是最优秀的，我们以你为骄傲。

6.你没问题的，相信自己，我们也相信你。

7. 考不好没关系，全力以赴就行了。

8. 祝你成功！

9. 爸爸妈妈为你加油！

10. 不管你成功与否，父母永远是你最信赖的人。

学生最不喜欢听到家长说的十句话是：

1. 你和某某同学的智商差不多，原来的基础也差不多，现在为何有这么大的差距？

2. 高考对人生具有巨大的作用，12 年的学习，关键就在这次考试，你一定要好好把握！

3. 高考考不好不要紧，以后有的是机会。

4. 复习得怎么样了？有没有把握？

5. 你最近确实很认真，为何没有多大成效？

6. 同样是人，我就不相信我家孩子比人家的差。

7. 这是专门给你买的营养液，喝了对你考试有帮助。

8. 你一定要考上某某大学！

9. 你一定要考进海淀区前多少名！

10. 考试的时候千万不要紧张，我们在外面等你的好消息！

从不同时间对学生的调研中我们发现了不同的问题，之后把调研结果和家长进行了沟通，希望家长以学生们能够接受的方式和言语与他们交流，并且针对不同的问题设计了各种形式的、各种范围的家长单独培训和师生共同培训。许多家长反映通过这一活动，家长和孩子的关系得到了很大改善。有许多家长说："如果不做这个调研，无论如何我也不会想到孩子不喜欢听我说这些话，我总认为我的出发点是好的，是为了他好，他应该能够理解我。没想到孩子的世界和我们成人还真不一样，我们必须读懂孩子。只有明白他们的真实想法，和他们交流才会比较顺畅。感谢老师们做的这次调研！"

尊重学生要注意做到以下几个方面：

第一，要尊重学生的个性，让学生的潜能得到充分开发。孩子们来到这个世界时都是不一样的，因而每个同学都有独特的个性。作为教师，我们怎样给孩子提供最好的教育呢？我们不仅要有一颗爱心，还要有一双善于发现的眼睛，能用理智的思维、欣赏的眼光、期待的眼神，来对待自己的学生。教育教学过程中，我们常常会遇到一些与众不同的学生，他们不相信世俗的真理，求异甚至偏激，常常会让我们不知所措，但有时这恰恰可能是突破常规、力求创新的基础与表现。都说初生牛犊不怕虎，学生们阅历不深，他们的想法也许是稚嫩的，但是难能可贵的是，他们往往是最真实的。学生们和成人看世界的角度不同，每个人眼中所看到的东西都和自己的角度、思维有关，因此我们也不能说我们眼中的世界才是真实的世界。对于成长中的学生来说，保护他们的思维自由是最难能可贵的。如果我们上课时，告诉学生尽可以发挥自己的思维，怎么想就怎么说，只要有道理就可以；如果能真正把课堂的空间、课堂的时间还给学生，把质疑问难的权利还给学生，把思考的空间、时间还给学生，学生们才可能会说出更加真实、更加有价值的想法，我们的课堂才能具有无法比拟的魅力。

第二，要尊重学生的选择，激活学生的思维。每个人的思维方式都是不一样的，都有自己的特点。在属于自己的那一片天地里，每个学生都可以看到最美好的世界，让自己的特长得到充分发挥。因此，每学年的每个假期，我们都会让学生反思上一个学期的所作、所为、所想，找出自己最爱的那一门课程、那一个社团，并思考：下个学期在学校首先参加什么样的社团？选修一门什么样的功课？将来要往哪里去？朝什么方向发展？从事什么职业？怎样生活得幸福快乐？怎样为这个社会作出更多贡献？我们有专门的老师，会针对同学们的意愿进行安排，让每一个学生都有一片快乐的思维天空。当学生们能够参加他最想参加的社团活动，能够倾听他最愿意倾听的课时，思维一定会得到更大的激活。在课堂上，我们也特别愿意让学生们充分发表自己的见解，允许他们挑战权威，允许他们出错，尊重他们思维方式的自主选择，鼓励他们遇到问题时多从几个角度去思考，科学地系统地去认识并了解这个世界。

第三，要尊重学生的创新成果，鼓励"小火花做大文章"。我们开设了项目式学习课程，对每一科学生的作业也做了改进，让学生在放假时不做重复性的作业，而是做有创新精神的项目作业，它可以是某一个学科的几个单元的综合，也可以是几个学科的混合。学生们在一个个项目式学习作业中，通过查询资料，通过参加社会实践活动，通过和其他同学合作，通过了解不同层面的情况，倾听来自各个方面的声音，去发现、去研究、去思考、去追寻……把自己所学到的知识与五彩缤纷的世界真正结合起来，提高自己的能力。温伯格曾说："成功很重要的原因是'进攻性'，不是人与人，而是对自然。不要书本上给你的答案，而是尝试不同，尝试发现书本上不同的东西，这种素质可能比智力更重要，往往是区别最好和次好学生的标准。"

第四，我们需要真正尊重学生。教育界有两件事比较引人注意，一是某市某小学的老师称学习、思想品德表现稍差的学生没有红领巾，为教育其上进，该校便为这部分学生发放了绿领巾。学校解释这一做法是为了"激励上进"。另外一件是某市某学校向初二、初三年级成绩前50名的学生发放红色校服，印有"××中优秀生，××房地产"字样，以区别于普通的蓝校服。根据学习成绩和日常表现对学生进行群体区分，并将其浓缩为一种外在标签昭示于众，这样的激励真的可以起到"激励上进"和"树立榜样"的作用吗？"激励的结果变成对优越感的追求是教育的最大悲哀。"托尔斯泰曾说："激励能使人产生巨大的精神力量，是促使他人创造奇迹的催化剂和导火线。"行为科学的研究资料表明，一个人如果受到正确而充分的激励就能发挥其能力的80%—90%，甚至更高；否则，仅能发挥其能力的20%—30%。

# 三、激励教育是一种有力量的教育

曾军良校长说："中国人的传统思维总是容易看到别人的问题，容易用消极的眼光去看事物，很少用积极的眼光去看别人、去看待身边的事。如果你想造一艘船，先不要召集人们，让他们提供木材、准备工具，分配任务。而是应该号召他们，激起他们对无边无际的海洋的渴望。激励教育相对于我们总是看到学生的问题，总是去批评学生来说是一种更加有力量的教育。"因此，教育教学时要善于通过激励教育提振学生信心，激励学生更好发展。正如"南风法则"：北风与南风打赌，看谁的力量更强大，它们决定比一比，看谁能把行人的大衣脱掉。结果北风无论多么猛烈，行人都只是将衣服越裹越紧；而南风只是轻轻拂动，人们就热得敞开了大衣。这告诉我们，宽容是一种强于惩戒的力量。教育学生同样如此，那些一味批评学生的老师，最终会发现学生越来越听不进他们的话。因而学生犯了错误，我们需要客观、理智、科学地去处理。

激励是尊重学生的有效方法，每一个人都希望得到赞扬和激励，这是人的一种心理需要。那么，对于学生来说，希望得到的就是老师对他们学习成绩和其他行为的直接肯定和积极评价。这是对他们最有效的、最切实可行的尊重，因此我们学校要求每一个学期学校的板报上每一个班级的每一个学生都要能够至少一次出现在被表扬的范围中，每一个学生至少上一次光荣榜。其实每个人的内心世界都是不一样的，每个人都是一本书，也许是一本千奇百怪的书，也许是一本色彩斑斓的书。至于书里面到底有多少精彩的章节、有多少深刻的寓意，我们作为教师只有走进学生的心灵才能读懂。当我们能够以慈祥的目光、以宽容的心态去对待他们的每一次过失，以期待的眼光和表情等待他们的每一点儿进步，用欣赏的心态去发现他们的每一个闪光点，用快乐喜悦的心情去赞叹他们哪怕是一点儿小小的成功，我们才可能赢得学生的内心。赢得学生真心的信任一定不是一件容易的事情，但是我们一旦赢得了学生的内心，就获得了教育的主动权，我们的学生就有可能获得全身心的健康成长。

教师的激励能促进学生学习兴趣的形成，是学生发展的动力。美国心理学家威廉·詹姆斯有句名言："人性最希望的原就是别人对自己加以赏识。"激励使双方产生的积极的情感体验，会对教师的教学和学生的学习产生巨大的推动作用。一方面可以让学生们更愿意克服学习中的障碍和困难，深入思考研究，激发学习兴趣，从而提高学习效率。游泳运动员傅园慧曾经对采访她的记者说过，父母每天都对她说"你就是天才""你一定是最好的那一个""你一定可以坚持下去"，所以当她遇到困难，不愿意再练下去的时候，常常会想起父亲说的这三句话。她还告诉记者，这三句话从她开始懂事，父母就每天都对她说，以至于她对这三句话深信不疑。当她和小伙伴们在一起，因为成绩落后而被取笑的时候，她会对小伙伴们说："我就是最棒的，我就是天才。"小伙伴们都觉得无法理解。但是当初和她一起游泳的小伙伴们大都没有坚持下来，只有她坚持了下来。也许正因为如此，她才能成为大名鼎鼎的快乐幸福的"洪荒少女"，时刻充满上进、幸福的活力，为祖国争得了更大的荣誉。一个人有高飞的冲动时，他将再也不会满足于在地上爬，这是我们作为人的一种本能。比如学生们回答了一个问题、背完了一首诗、工整地完成了一个作业之后，如果能得到教师的表扬和激励，也会转化为他们学习的动机之一。因此我们不妨针对学生们的不同情况，了解每一个个体的差异，根据他们的特点进行合理性评价，抓住他们的特点和点滴亮点给予肯定，这样既可以营造和谐的师生关系，又能为他们再出发努力加油打气，提高学生们的学习积极性。

教师的激励能促进良好的课堂教学氛围的形成。我们实施魅力课堂的原则，一是要让学生的思维动起来，二是以激扬学生的生命成长为评价标准，解放学生的头脑，使他们充分思考，主动探究，充分学习。这就需要我们在课堂上让学生们的头脑、手脚、时间得以解放，怎样才能得以解放呢？最重要的就是教师能够给予激励性的评价。在我们的魅力课堂上，学生可以展现自我的风采，获得自信的源泉，充分挖掘自身的潜力。教师们通过有原则的艺术的表扬激励学生，用理解宽容和微笑打动学生、对待学生，让他们始终感觉到"我能行"，充分调动他们的主观能动性，建立自信。具体来说，我们可以从以下三点去尝试实施：第一，课堂上尽量创造宽松和谐的环境，让学生的思维活起来。心理学告诉我们，人在无窘迫的环境中心情舒畅，兴趣更加容易激发，而且能主动轻松地接受外界刺激。而如果在紧张、心理负担比较重的情况下，产生高度焦虑和自卑情绪，对外界的信息也就容易产生排斥。因此在课堂教学中，我们一定要积极创新，为学生创造一个宽松和谐的环境，让他们产生快乐的正情绪，真正成为学习的主人，成为课堂教学的主体。在我们的课堂上，学生们不需要正襟危坐，不需要举手才能发言，座位也有各种各样的变化，会根据不同的科目、不同的课型设置不同的方式，让课堂的环境更加轻松、活跃、和谐。第二，千方百计激活学生的表现欲望，让他们走向成功。学生们都有表现欲，只是因为性格不同、自信的程度不同，所以他们的表现有不同的状态。作为教师，我们应该仔细观察每一个学生，用不同的激励方式开启他们的心灵之门。我们的激励可以产生巨大的心灵效应，不仅能开启学生们的心扉，还能点燃他们的自信之灯，让每一个学生都大胆说出"我能行"。因此在课堂中，我们需要教师转化成设计师，根据学生的具体情况和性格特征，思考怎样采用生动形象、灵活新颖的教学设计和教学手法，让同学们在轻松快乐、开心愉悦的氛围中积极参与到教学活动中来。课堂上不妨采取多种多样的小组讨论方式。最小的小组是两人组，一个人说一个人听，一些胆小的学生在两人小组中可以先倾听，然后再请大家互换角色，让每一个学生都能够找到其角色和位置。其次是中等的小组，由三到四个学生组成。最大的小组，由六到九个学生组成。学生们在不同的小组中活动，可以让自己的才干得到充分展示，也可以帮助同伴一同成长。同学们在鼓励和信任中，学习的积极性得到了很大提高。第三，教师的激励性评价可以促进所有的学生得到发展。张艺谋有一部电影叫作《一个都不能少》，对于教育工作者来说，我们的学生在学校接受教育，他们应该获得的成长也应该是一个都不能少。世界上的雪花都是六边形，但是却没有两片雪花完全相同。多元智能理论也告诉我们，每个人都有自己的特点，寸有所长尺有所短，作为教师我们需要平等对待每一个学生。在我们的课堂上，只要我们用心对待学生，善于随时捕捉并巧妙创造教育情境，注重有意识地为学生搭建被赏识的舞台，就一定会潜移默化地激发每一个学生的探索和求知的欲望，使学生们得到全面发展，那么我们的教育也就发挥出了功能。有一位刚毕业不久的物理老师在他的教育反思中这样写道："这一次的考试，我特别开心，我新接的这个班级的学生物理都取得了一定的进步。特别让我欣慰的是，原来物理成绩在班上倒数第一的小魏同学，这一次居然进入了前20名。魅力教育真是非常奇特。还记得第一天上班，听校长介绍学校的魅力课堂理念和魅力课堂实施情况之后，我又认真拜读了校长魅力教育的系统理论，觉得和我的理念不谋而合，这更加坚定了我上好物理课的决心。还记得和学生们见面的第一天，我对他们说：'今天对我们来讲都是全新的一天，每一个同学在我的心目中都是最棒的。我看了你们的物理作业，觉得特别欣喜，我物理硕士毕业，但我还记得我在你们这么大的时候，我的思考方式还根本没有你们完整和新颖。我真的特别佩服大家！相信在我们的努力下，我们每个同学都将取得最大的进步，最终实现人生目标。'我是这样想的，是这样说的，也是这样做的。在之后的课堂上，我特别用心去发现每一个同学的优点。比如小魏同学的物理成绩是最差的，下课后我单独找到他，把他的试卷拿出来和他一起分析。那一次考试他没有及格，只有59分。我仔细分析了他所有的错误，告诉他：'这些错误其实都可以避免，只要稍微在某些方面注意一点儿，就可以拿到这些分数，你看是不是这样？我觉得你的思维其实很独特，有自己的想法，你也很爱好最新的科技。从今以后，每周周末，我给你一个与物理相关的中国的现代科技成果名称，你利用周末的时间上网去查资料，课外活动时间给大家汇报你的成果，好吗？'他特别高兴地接受了这个任务。从此以后他变得越来越热爱学习，也越来越主动请教。通过一个学期的努力，他真的获得了很大的进步，让我刮目相看。今天他遇到我，对我说：'老师，我觉得学习也不是一件太难的事情嘛，我其实是可以学好的。'"

实施激励教育的过程中，有几点需要引起我们的注意。第一，注意激励教育中语言的恰当应用。说话是一门特别重要的艺术，"良言一句三冬暖，恶语伤人六月寒"。明明是一样的内容，却由于表达方式不同，给对方的感受也完全不同。比如有位老师对某个同学说："你的足球踢得非常棒，但是功课实在太差了。"这话无论谁听了都不会太高兴。但是我们如果把方式稍微改变一下："你的足球踢得太棒了，如果功课能稍微加强的话那就更好了。"同样也明确指出了其不足之处，但是却成了一句中听的赞美的话，学生就有可能因为这句话发生改变。德国教育家第斯多惠说："教学的艺术不在于传授的本领，而在于激励、唤醒和鼓舞。"我曾经听过一位语文特级教师的阅读课，她在课堂上采用了多种激励评价语："读得真不错！""大家听了都在佩服你读得好！""这个句子读得多有感情啊！请你再读一遍，大家仔细听听！""老师被你感动了。""你读得比老师还要棒。""到目前为止，你是读得最出色的一个！""老师觉得，你长大肯定能当一个播音员！"结果，这堂课的气氛异常活跃。第二，激励学生时，我们还要特别注意激发学生主动学习的意识。评价学生时要关注学生的个体差异，及时肯定学生的点滴进步，努力挖掘学生的每一个闪光点，形成激励策略。在一个班级中，学生的智力、品德、个性等方面往往存在很大差异，在教学中给予他们的评价也应不同，教师要赞扬、鞭策优秀生，肯定、鼓励中等生，宽容、激励后进生。陶行知说："真教育是心心相印的活动，唯独从心里发出来的，才能达到心的深处。"所以我们需要注意，务必不能对学生冷漠。当学生表现出与其同伴不一样的独特的思考、具有创造性的表达时，如果教师眼神中有一丝冷漠和不屑一顾，可能就会刺伤学生心中最柔软的地方。我们需要小心翼翼地对学生们的特别之处给予足够呵护，学生心中那颗创新的种子才会长成参天大树。学生是无邪的，他们的世界充满了童真，正是因为这种童真，才使得他们可爱而又温柔。

评价是教育过程中的重要一环，因此很受我们重视。我们需要思考：依据什么来进行评价？评价的功能与作用如何体现？评价是以分数为主吗？我们是评价学生的成长，还是学生的成功？今天的社会对于学生来说，成长可能比成绩重要，成才可能比成功重要。从这个意义上来说，评价需要转型，我们需要依托评价机制的优化挖掘学生的潜力，成就学生的未来。那么如何进行转型呢？

第一，转变评价的角度。学生才是学习的主体，是课堂的主角，因此我们的评价要以学生的发展为根本，让课堂学科教学为学生发展提供技能方法等方面的帮助，充分利用学生的兴趣爱好，帮助学生建立起积极的学习情感与信心。

第二，转变评价的功能。过去我们常听说这样一句话："考考考，老师的法宝；分分分，学生的命根。"这导致我们常常依据冰冷的数字把学生分为三六九等，并以此判定学生的优劣，却忽视了数字背后的人，忽视了数字背后的问题和原因，忽视了情感态度与价值观的形成和发展。

第三，转变评价的目标。世界上没有真正的完美，每个学生都有自己的短板，我们决不能因为学生的弱项而否定学生的长项。过去我们常说木桶理论，认为一个木桶可以装多少水取决于它最短的一块木板。然而走到互联网高度发达的今天，短板理论已经不再适应社会的发展，因此又出现了长板理论：当你把桶倾斜时，桶能够装多少水取决于最长的那一块板。其实即便在科技高度发达的今天，再伟大的公司也不可能每块板都强，只要把本身有特色的那块板做到极致就可以了。在这个信息爆炸的时代，在人生的长跑路上，我们不必所有的方面都超人一等，只需要在本身擅长的领域内稍稍领先大多数人就够了。例如袁隆平只研究水稻，最终成为"杂交水稻之父"；《亮剑》中的李云龙，大字不识，可是他特别会打仗，所以成了共和国的高级将领。对于学生来说也是一样的，有的学生可能学习成绩差，经常犯点儿小错误，但是对集体活动却很热心，待人接物很到位，情商很高；有的学生做事粗心大意，但是理解能力、解题能力比较强；有的学生喜欢人文类的科学，但在理科实验方面的能力比较弱。就是因为如此，我们的评价工作如果都用"揭短"的方式去展开，那么将使这些学生离理想的目标、状态越来越远。所以，我们的评价要从"揭短"走向扬长，从短板理论走向长板理论。

第四，转变评价的方向。对于今天的教育，我们需要思考一个问题：世界时刻在变化，教师该怎样用昨天的知识教育今天的学生去应对明天呢？正如1000个人心中有1000个哈姆雷特一样，1000个人心中也有1000个未来的样子。学生的成长也是如此，任何学生的成长其实都是一个变化的过程，像一株小苗一样，与各种各样的天气、土壤、雨水、阳光、病虫害密切相关。学生的培养与发展过程并不是标准化的生产过程，因此教育评价一定不能拘泥于标准的审核，评价要有智慧，要面向学生的未来发展，通过找准时机、诊断差异、激励赞扬等方法，真正通过教育评价去成就学生的价值。

# 四、构建激励型、自主型德育模式

许多学校高三年级的第一次年级大会上，常常会是这样的情景：老师把学生考试的成绩进行反复分析，对同学们提出下一阶段要达到的成绩目标。但是我们一般不这么做。我们发现，每年的教师节会有许多学生回到中学去看望他们的毕业班老师，在和老师聊天中常常会说到下面这种现象。有一些学生在高三时学习不太认真、不太刻苦，他们觉得作业太多，学习太累，总是需要家长和老师不断督促。但是当他们考上大学后，发现一节课的内容往往比高三时多得多，不仅如此，老师还会布置作业需要课后到图书馆查阅很多资料。聊到这里时，老师会开玩笑地问："高三更累还是现在更累？"这些同学往往会说："我觉得挺好的，现在我还能接受。"再和这些同学深入聊下去，这些同学一般会说："我在高三的时候，只知道要考上大学。这是从小父母亲和老师就告诉我的，但是我并没有想明白考上大学与自己的前途有什么关系。进入大学之后，我选择了自己喜欢的专业，我特别热爱这个专业，而且希望今后在这个职业上做到更好。也不知道为什么，我觉得我越来越喜欢看专业书，我也愿意长时间在图书馆查找资料丰富自己，让自己变得更加厚实，所以看书做作业比高三要快乐许多。偶尔放假回家没有去图书馆，反而会觉得浑身不自在。"这其实就是学生成长了，不再为成绩而学习，为成功而学习。因此，我们需要反思我们的教育习惯，改变我们的教育行为，为学生的终生幸福奠基。在基础教育阶段，我们能留给学生的更重要的是能够伴随其终生的品质和能力，因此我们在毕业班的大会上讲得最多的并不是学生的学习成绩，而是反复强调成人比成功重要，成长比成绩重要，体验比名次重要，付出比索取重要，巧干比苦干重要，勇敢比退缩重要，对话比对抗重要，激励比指责重要。

　　为了学生的未来，我们必须尊重每一个学生，着眼于对他们人格素质的培养，这要求我们至少做到如下几点：

　　第一，许多我们想告诉学生如何做的内容并不需要直接告诉他们，而是利用他们愿意接受的方式。比如每一次班会，老师都会精心设计，鼓励同学们独立思考，查找资料并进行辩论，相信每一个学生都能作出明智的恰当的选择，引导学生在互动中进行选择。也许最初的选择不是最佳选择，但是他们在反复研讨辩论、查询资料中将逐渐寻找到最合适的选择，这就是学生自我教育、自我提升的过程。我们常说要尊重学生，体现在哪里呢？就体现在这种研讨关系中。尊重每一个学生，不仅是外在的礼仪方面，更重要的是对生命的重视态度。这种重视是对学生独特性的认可，可以支持和鼓励学生寻找适合自己的发展途径。在实践中，我们发现通过反复多次的讨论协商，取得的效果会比我们预想的还要好。如果学生认识到所要达成的目标是自己需要的，那么他在今后的学习和生活中，会自主地去要求自己，而不是被动地完成。从"要我做"到"我要做"，这是一个质的变化的过程，会产生意想不到的效果。

　　第二，聚焦身边小事。让同学们从习以为常的身边小事进行批判性的审视，思考为什么会这样？找出其中的原因，再提出怎么办，从而促进改变，真正做到"勿以恶小而为之，勿以善小而不为"。

　　第三，不掉进经验的牢笼。教师有什么样的理念，决定其在教育教学过程中采取什么样的行动。有经验的人尤其要重视，因为我们可能会掉进经验的笼子。习惯是一种相对稳定的自化了的行为，但是习惯真的是对的吗？过去这样，今天这样，明天也一定会这样吗？我们需要常常进行思考，把习惯和思考紧密结合在一起。

　　第四，细节决定成败。尊重学生的概念很大，不易操作。比如：帮助别人有居高临下的帮助，对于这样的"帮助"，帮助者和被帮助者之间的关系是不平等的；有大张旗鼓尽人皆知的帮助，给被帮助的人带来很大的精神负担。我们提倡在细小的行为中，自然而然地帮助他人、帮助学生。当学生从一个动作、一句话甚至一个眼神中都能体会到我们对他们的尊重时，尊重就真正融入了我们的生活，这才是适合每一个学生的教育。

德育工作是正确的价值观、道德观内化的过程，目的是让学生认识到德育与自身的发展是息息相关的。但是德育的实现不会从天上掉下来，需要我们精心设计、创新思考、智慧工作。我们在培养有中国灵魂、国际视野的现代人这一核心理念的引领下，致力于中学德育课程化、生活化、系统化、科学化、体验化的探索，从学生和学校的实际出发，把学生的成长需要和未来发展紧密结合起来，根植于鲜活的社会现实生活之中，引领学生健康成长与全面发展。

这就首先需要创新班级管理建设，在班级管理中践行尊重与激励，让每一个学生在集体中得到成长，例如在小组、中组和大组中发挥自己的重要作用。在课堂上，老师根据需要确定开展研讨的小组是两人小组、四人小组还是六人小组，让每一个同学都融入研讨、思考的氛围中。小组建设与课堂学习相结合，既强化了小组的凝聚力，又提高了学习效率。第二，选择合适的组长。担任组长的同学需要在班级中具有较高的威信，学习好且组织能力强，对学校和班级的管理理念认同度比较高，这样才能成为推动小组建设工作的有力保障。第三，组内成员责任化、使命化。小组要成为团队而不是团伙。团队是以团体利益为重，所有成员彼此信任、互补、团结、和谐，在大家的奉献中达成集体利益的同时成就自己。团队是为负有共同责任的统一目标而奉献的一个团体，所依赖的不仅是集体讨论与决策以及信息共享和标准强化，还强调通过成员的共同贡献能够得到实实在在的集体成果，达到 $1+1 > 2$ 的效果。在小组中，为了充分调动每一位同学的积极性，帮助每一位同学找到自信，树立自我发展意识，我们会进行精心的设计和科目分工。科目不但包含文化科目，也包含音乐、体育、美术、电脑、设计等其他科目。每位同学担任不同科目的组长，负责本科目的学习活动的组织、研讨以及疑难问题解答。这种鼓励学生发扬自己的优点的方式，让学生真正成为自己的主人，班级管理、小组管理呈现出"我为人人，人人为我"的和谐局面。第四，持续进行小组建设。小组建设需要持之以恒，不断创新，不断研讨，并根据本班学生的情况不断变化。我们每半个学期进行一次头脑风暴，请同学们在班会上踊跃发言，献计献策，为小组与大组的建设出谋划策、互相学习，让小组充满活力。第五，班级的每一项活动几乎都是以小组的形式开展，让小组建设可以落到实处。如召开小组长会议，请他们总结本次活动或考试的情况，选出小组中的闪亮之星。又如，在班会课上对有特色的小组进行表彰，并请每个小组根据班会总结情况制定下一次的目标，贴在柜上进行展示，以达到互相激励的效果。关于班会，开展研究探讨、精心设计并落实实施效果，真正让每周的主题班会成为学生精神动力的加油站，也是我们一直在努力践行的。如根据每周的具体情况精心设计，并且利用大数据，通过设计调查问卷让同学们自主上网匿名选填，了解同学们的精神需求，让同学们真正成为班会的主人。此外，班会还会创设教育的特殊场景感召学生；定期邀请部分家长与任课老师参加班会设计，扩大班级建设的资源；实施班级教育的资源共享，年级开展班主任研讨，共同商定班会主题及内容，定期将优秀班会集结成册，推动各班高质量发展；开设同学论坛、家长论坛等魅力讲坛，让每一节班会课真正成为学生的加油站。

# 五、多种激励方式打造魅力课堂

我们要充分研究学生成长发展的规律，创造学生喜欢的课堂。如果学生不热爱课堂，他怎么可能在课堂上学到知识、提升能力呢？我们希望课堂是基于学生内在兴趣和需求的推动，并通过强大的内驱力使学生的课堂学习成为一种生命成长的需要，这样学生们在课堂上才能快乐成长、幸福学习。要使课堂独具魅力，我们就必须想明白几个问题：课堂是为谁服务的？课堂的主角、主体到底是谁？是老师还是学生？由于课堂的存在与设立最终是为了学生的发展，因此魅力课堂最重要的原则就是我们的课堂应该从学生的问题和真实状态出发，应该满足学生的心理和精神需求。因此评价一节课是否是一节好课，要看它是否能激励学生成长，是否能激发学生的内在动力，课堂的教学目标也应该由"教会""学会"转向"想学""享学"，即将学生"想学习""享受学习"当成课堂教学的上位目标。在课堂的学习过程中，我们必须把课堂的空间、时间、质疑问难的权利和探究性学习的权利还给学生。例如在英语课上，为了激励更多的学生投入到英语学习中来，教师对课堂的流程进行了精心设计，加入了有情境特点的课堂语言运作、有人际特点的课堂语言运作、有情感特点的课堂语言运作等，包括对站立姿态都进行了精心设计，甚至对视角范围也画出了示意图，希望能够有较大的视觉覆盖面。教师在课堂教学过程中的走动也精心设计了路线图，会根据学习任务和活动以及同学们的研讨开展情况的不同而不断进行调整。教师对课前、课中和课后进行的精心设计，充分引起了学生注意。当小组活动开始，教师蹲下去认真倾听每一个学生的发言，学生们也从教师的认真倾听、频频微笑中获得了肯定。教师的倾听本身就是对学生的认可，是对学生的尊重和激励。更重要的是当教师认真蹲下来倾听每一个学生的发言的时候，才能及时从学生那里获取实际而有效的学习信息和反应，而不是让讨论只是成为讨论，让讨论使课堂看上去很热闹，从而可以根据倾听的结果及时进行课堂的形成性评价。同时，教师在和学生进行交流的时候，在课前就根据学生的小组人数不同以及座位不同，实现了不同形式的多元交流模式。这节课让学生和教师都印象特别深刻，很多学生从此爱上了英语学习，我们创建的魅力课堂也被《中国教师报》推荐为 2019 年全国课堂改革十大样本之首。

## （一）课程激励

### 1."人生规划"课程：激励学生自主发展

每个年级的侧重点不同，如高一年级"人生规划教育"的主要内容包括：

（1）初步完成"我的职业生涯规划书"。

（2）在军训中认识自我。

（3）在研究性学习中进行行业调查。

（4）在假期社会实践中，对所向往的职业进行调查。

（5）召开校园模拟招聘会。

### 2. 学生会、家长会、主题班会：学生成长的加油站

我们把"充满激励与表彰的学生会""充满理解亲情的家长会""调整情绪、珍惜时间的主题班会"做成系列德育课程，让学生在持续被激励中不断成长。这使得我校学生在进入高三后，依然能持续保持一种饱满、高涨的学习热情，以昂扬的精神度过高三时光。如某届高三学生某个学期的学生会议安排如下：

7月16日：充满激励与表彰的学生会。

7月17日：校长论坛："活泼·美丽·奋斗·神奇的十八岁"。

7月21日：班级学生干部提出志向，了解补课情况，询问学生的需求。

8月25日：全体学生"统练一"表彰；校长报告："每天改变一点点，人生就会大变化；每天进步一点点，人生就会大跨越"。

9月7日：学优生成立学优小组，明确组建原则、评价原则、奖励机制。

9月15日：全体学生"奋斗·努力·不懈·无悔"——"统练二"发奖；学生代表发言；校长感言："可爱的孩子们"。

10月14日：全体学生参加校长论坛："振奋精神，迎接新的挑战"；期中考试动员会。

11月11日：全体学生参加校长论坛："抓住机遇加快发展 团结奋斗再创辉煌"；期中总结会。

11月30日：全体学生高考报名会。

12月13日：校长激励30名学困生："在爱中奋勇前行"。

12月14日：全体学生参加校长论坛："让目标引领成功"；"统练四"总结表彰；主管领导报告："毅力——衡量决心的尺度"。

12月27日：励志大讲堂："立志·方法·感恩"。

1月3日：全体学生会考考前教育。

### 3. 升旗课程：学校开展爱国主义教育的固定课程

如何把枯燥的升旗仪式变成学生喜爱、形式多样的德育课程？我们采取了班级或年级承办的形式，真正让学生成为升旗活动的设计者、组织者和参与者，收到了良好的效果。

## 4. 校园值周课程：提高学生的领导力、自信心

当我们用课程来规范值周活动的时候，我们发现值周的教育目的更加清晰了，值周成为培养学生领袖气质的有效手段，成为一门相对完整与规范的德育课程。我们细化了值周的评价方式，通过自评、教师评和学校评，最后给予学生相应的实践活动学分。

## 5. 讲堂课程：汲取成功者的力量

我们邀请著名的企业家、学者、艺术家等成功人士走进学校，和学生面对面地交流互动，让学生品味他们成长、成才、成功的心路历程。如我们邀请了歌唱家刘和刚、京剧表演艺术家孙毓敏为学生作报告，还组织学生观看了残疾人艺术团的表演等。

## 6. 社团课程：心有多大，舞台就有多大

我校管乐社团近年连续在学生艺术节比赛中荣获一等奖：2011年获世界金奖、2012年获全国金奖、2013年再获世界金奖、2015年成立北京市中学生金帆艺术团。

京剧团在第三届"国戏杯"比赛中的参赛作品《天女散花》获得集体全国二等奖，小学部崔言同学荣获个人全国一等奖；京剧团在第四届"国戏杯"比赛中的参赛作品《贵妃醉酒》获得小学组一等奖，并参加了央视的颁奖晚会；等等。中英高级别人文交流机制第二次会议在钓鱼台国宾馆召开时，我校京剧团受教育部邀请参加了演出活动，学生们的自信心得到了极大提升。

我校在北京市中学艺术节合唱比赛中获得一等奖，小学部合唱社团获北

京市第 14 届艺术节一等奖。

## 7. 科技课程：激励学生敢于挑战，为祖国科技振兴贡献力量

科技课程旨在通过学科渗透，拓宽学生科技培养的渠道。首先，各教研组把"本学科如何渗透科技教育"作为本组的教研课题，深入研究研讨后达成共识：要根据学生年级段所显现的心理特点和能力特征，挖掘教材中的科技教育内容，寻找合适的教学方式，把科学观念、科技意识、科学道理渗入到课堂教学中。其次，学校通过承办各级各类的科技活动，营造浓郁的科技氛围。如实施幼小初高一体的科技大教研，开展四个学部教师共同参加的头脑风暴、教师论坛等活动。最后，教室、走廊等各个公共活动场所都配备科普书籍并定期更换，向同学们介绍、推荐世界最前沿的科技成果和科学技术常识，以及有趣的可以在家里开展的科技实验等渗透科学知识。

## 8. 体育菜单课程：现代社会、现代世界千变万化、挑战无数

我们需要应对来自各个方面的竞争压力，因此健康的身体和快乐向上、永远充满激情的心态显得尤为重要。而如果每个人都有一门体育爱好，那他将拥有一份应对挑战的独特的秘密武器，在进行体育项目锻炼时获得激励。

现代社会竞争压力非常大，没有好的身体和强大的心理承受能力，很难在当今社会应对千变万化带来的挑战。当人们共同参与一项有趣的体育活动时，可以增进人与人之间的情感，增加人们之间的直接接触和交流的机会。我们在参加体育活动的过程中，相互之间具有依赖性、牵制性。人们长期生活在这种体育关系中，就会加深了解，密切来往，从而产生一种深厚而广泛的友情。

体育活动还可以调节身心，培养学生的快乐感。学生正处在长身体、学知识的时期，他们活泼好动，在完成紧张的学习后进行休息时，为了寻求生理和心理上的放松，乐于参加丰富多彩的文体活动。体育课程寓教育、健身、娱乐于一体，学生在体育课教学、课外体育活动、参加和观看体育比赛的过程中，在锻炼身体、掌握体育知识技能的过程中，陶冶了情操，调节了身心，获得了精神享受，心理上会产生一种轻松愉快的感受。他们在参与体育活动时获得的这种情感体验，有利于文化知识的学习，有利于学生健康心理的培养和发展。

同时，体育课程的多种体验，也有利于增强学生的成就感。体育课程与其他学科的不同点在于，学生要在身体直接参与活动的过程中体会和掌握运动技术。在多种身体活动中，通过自己的努力，学生不断体验着成功的感受，如：在跳跃投掷等运动的过程中；运动技能由粗略掌握、改进提高到熟练运用的过程中；体育锻炼标准达标、升级的过程中；体育课考核取得良好成绩的时候；比赛中获胜得到老师表扬的时候……这都是成功的体验，而且这些体验最直观、最及时、最频繁，因而对学生心理的刺激也最深刻。

从体育锻炼的内涵来说，它不仅能增强体质，而且也是一种高尚的文化娱乐活动，能使人们在精神上得到乐趣和享受，具有炼意志、调感情之效果。科学研究表明，体育活动还可以促使中枢神经系统及其主导部分大脑皮层的兴奋性增强，从而改善神经系统的均衡性和灵活性，提高大脑的分析综合能力，促使大脑保持清醒。

进行体育活动还能够加速血液循环，从结构和功能上改善心血管系统。经常从事运动，能使心脏产生工作性肥大，心肌增厚，收缩有力，血容量增大，大大减轻心脏负担，心率和血压变化比一般人小，表现出心脏工作的"节省化"，从而促进血液循环，提高心脏功能。呼吸是重要的生命现象，每年冬春季节是流感季，常常会让许多学生受到困扰，影响正常的学习生活，甚至影响到整个班级、整个学校。病毒首先入侵的是我们的肺，肺是呼吸系统的重要器官，具有气体交换的功能，经常运动能使呼吸肌发达，呼吸慢而深，每次吸进氧气较多，每分钟只要呼吸 8—12 次，就能满足机体需要。同样，运动还可使人体的更多肺泡参与工作，增加肺活量，改善呼吸系统功能。体育运动还能为骨骼和肌肉提供足够的营养物质，促进肌纤维变粗，肌肉组织有力，促进骨骼生长，骨密质增厚，提高抗弯、抗压、抗折能力，促进骨骼肌肉的生长发育。

体育运动特别是自己感兴趣的运动项目，还可以增强自尊心、自信心和自豪感，增添生活情趣。运动还能调整人们某些不健康的心理和不良情绪，如消除情绪的沮丧和消沉，调节心理，使人朝气蓬勃，充满活力。体育活动能提高人体的应变能力，使人善于应付各种复杂多变的环境。经常锻炼，大脑皮层对各种刺激的分析综合能力增强，感觉敏锐、视野开阔、判断空间、时间和体位能力增强，因而能判断准确，反应灵敏，让人变得越来越聪明。同时经常在严寒和炎热环境中运动，可以提高机体调节体温的能力，增强身体对气温急剧变化的适应能力，提高人体对外界环境的适应能力。经常参加体育活动可使白细胞数量增加、活性增强，增强机体免疫能力，提高人体对疾病的抵抗力。由此看来，体育活动在人的一生中非常重要。因此，培养每一个学生拥有一项体育爱好，并且终生都拥有一项体育爱好，应该引起我们教育工作者足够的重视。我们学校要求每一个学生在毕业时都要有一项体育特长，因此为了培养学生们真正爱上体育活动，我们开设了包括足球、篮球、排球、定向越野、瑜伽、街舞、软式垒球、武术、跆拳道、游泳、手球、击剑、健美操、搏击操、羽毛球、乒乓球等在内的丰富多彩的、具有自选功能的体育菜单课程供学生自主选择，使得体育活动成为激励学生的秘密武器。我校开设的选修课既丰富了学生们的个性需求，又充分调动了学生们参与选修课的积极性，也是学校校本课程建设的良好开端。

## （二）"赠言"激励

脉脉含情的赠言激励，既能和谐师生的感情，又能明显提高集体的凝聚力。师生在选择赠言中共同成长，使得学生逐渐明确了自己的人生方向。在奋斗的过程中时时用赠言来激励和鞭策，是教师为学生们推开的一扇大门，能够促进学生自觉成长，将伴随学生的一生。

第一，在班级新成立时，我们会有专门的环境布置和文化建设小组，用大家选出来的最喜欢的名言、格言、警句等布置教室。我们还会制作独特的桌贴、柜贴与墙贴，营造浓厚的、温馨的学习氛围，让每一面墙都说话，让每一句赠言都育人。

第二，在学习小组中开展互送赠言与礼物的活动。每个学习小组的同学们在一起进行研讨，针对小组的每一个成员挑选最适合他的赠言做成书签。学生们在研讨中往往会非常客观地发现每一个成员的优点或者缺点，并根据每个同学的情况提出温馨提示以及"每人一赠"。对时间观念不强、学习得过且过的同学，送上赠言"人生能有几回搏，今日不搏，更待何时""节约归根到底是时间的节约"等，希望学生能够明白，只有珍惜时间、认真思考、脚踏实地才能有所作为。对不尊敬师长、不能与同学处好关系的同学，送上赠言"尊敬别人的人，一定能够受到其他人的尊重""爱满天下""爱要说出来"等，希望学生能够懂得人与人之间要互相尊重，只有尊敬别人的人，才能得到别人的尊重。对在学习中常常抱有侥幸心理、不脚踏实地的同学，送上赠言"一分耕耘，一分收获""世界上没有免费的午餐""爱拼才会赢"等，借此告诉学生应该脚踏实地，树立实事求是的治学态度和诚信做人的品质。对成绩比较好但是常常骄傲自满的同学，送上赠言"没有最好只有更好""逆水行舟，不进则退""不识庐山真面目，只缘身在此山中"等，希望学生明白学海无涯、人生追求永无止境，虚心使人进步、骄傲使人落后的道理。对学习习惯不良，不能坚持、没有坚毅品质的同学，送上赠言"好习惯是人一生的财富""好的学习成绩得益于好习惯的养成""学而不思则罔，思而不学则殆"等，希望学生们培养科学的、系统的学习习惯，提升自己处理问题和解决问题的能力。对某些没有目标或者是自信心不强、遇到挫折容易自暴自弃的学生，送上赠言"如果我们没有目标、没有方向，我们该向何处去？我们哪来的前行的动力""失败是成功之母""如果自己都不相信自己，还有谁会相信你""相信是具有神奇力量的一种东西""人其实潜力无穷"等，希望学生们明白任何人的成绩都不是轻易取得的，持之以恒、永不言弃，才能够成功。

第三，在赠言激励教育中，教师是主力军，要充分发挥自己对学生们的激励，可根据班级工作与学生学习生活的实际需要，开展多途径、多体裁、多样化的赠言激励活动。如赠言卡活动：每年寒暑假时，教师精心给每一个学生送一个赠言卡，正面是教师和学生的合影，展示了学生在学校认真学习的情景，附有教师对学生激励的语言、寒暑假生活的建议安排以及学生对建议的理解、反思、承诺；背面是教师根据学生的具体情况，与学生共同设计的假期时间作息表。学生把教师的赠言卡放在自己的书桌前，即使在假期也常常可以感受到教师对自己的关心和厚爱，心中便时时充满了前行的力量。开学的时候，每一位任课教师和班主任都要写下自己对新任班级学生的赠言激励和期望。每一期黑板报也都会留出一个赠言园地，由负责板报的同学根据班级当时的情况，选择合适的赠言，激励大家更上一层楼。教师们在批改作业的时候，也会在同学们的作业本上、日记本上根据情况留下给每个学生的建议、共勉与分享的赠言。又如让"课桌说话"：桌贴是我们为学生特制的一份礼物，每位同学的桌子上都有两份桌贴，一份由年级组统一设计，内容为学生和导师的照片及导师寄语，另一份则由学生自己设计，这样的安排既让学生感受到导师对自己的殷切期望，激发自己奋发向上，同时通过 DIY 又可以展示自己的作品、写一些自己喜欢的名言等。柜贴同样有两份，一份是学生的照片和座右铭，另一份由学生 DIY。曾经有这样一个女孩子，她觉得自己不够聪明，因此很没有自信心。曾军良校长了解到这一情况后，就把她选为自己的导生亲自来带。有一次，他根据该生的情况在桌贴上写下"迎着晨风想一想，今天我该做什么？踏着夕阳问一问，今天我有何收获？"，还特别留下自己与学生并肩的合影。看到校长写的赠言和与校长的珍贵合影，该生特别感动，她认真思考之后，把"昨夜西风凋碧树，独上高楼，望尽天涯路。衣带渐宽终不悔，为伊消得人憔悴。众里寻他千百度，蓦然回首，那人却在灯火阑珊处""林花谢了春红，太匆匆。无奈朝来寒雨晚来风。　胭脂泪，相留醉，几时重。自是人生长恨水长东""有志者事竟成，破釜沉舟，百二秦关终属楚。苦心人，天不负，卧薪尝胆，三千越甲可吞吴""我本楚狂人，凤歌笑孔丘""集群圣之大成，振玉声金，道通中外；立万世之师表，存神过化，德和乾坤"的座右铭写在了校长赠言的下方，从此以后她每天都更加充满激情，快乐开心地学习、生活，取得了非常大的进步。再如因时赠言：教师在上课的时候，会根据不同的时间以及学生的情况，将事先准备好的心形赠言卡随时送给学生。在班会课或者与学生交谈的时候，教师也会根据当时的情况随时有感而发写成心形赠言卡送给同学们。在高三的成人典礼上，教师还会精心给每一位同学赠送寒假计划贴。计划贴正面写着"我的梦想我管理——寒假自主学习"，由写在前面的话和寒假作息建议时间两部分构成；反面写着"挑战自我，快乐学习，做最好的自己"，以及"同学想对你说的话""自己想对自己说的话""家长赠言""老师寄语"等内容。伙伴教育是非常有力量的教育，在伙伴教育中同学们常常能感同身受。赠言激励时，学生对学生的赠言非常重要，力量不可小觑。每天每个班级利用黑板的一小块边角，轮流由同学们选择、抄录、创作送给全班同学的赠言，还会进行"赠人玫瑰，手留余香"赠言转赠活动，把从报刊书籍中搜集抄录的赠言设计成美丽的书签转赠其他同学。适合每个学生的教育才是最好的教育，在赠言激励活动中，除了引用名言警句，更多的是教师和学生根据实际情况创作互相勉励的赠言。在每一个学期快结束的时候，我们还会进行自创赠言评奖活动。每个同学都要总结自己和班级同学的情况，思考自己的前行目标，创作一条激励大家的座右铭。每一位教师也会根据班级实际情况写一条能够激励全班同学的座右铭，然后请所有同学投票选出大家最喜欢的赠言，在下一个学期开学的时候，把同学们选出来的前三条赠言装裱好放在教室的最前方。在对学生的教育过程中，家长的作用也不可不重视，因为如果家长引导不好，可能会功败垂成。但是学生们往往觉得家长太唠叨，说话太烦琐，因此无论家长说什么，学生们往往首先拒绝，甚至家长还没有开口，他们就已经关闭了心灵之窗。因此我们建议家长在给孩子建议的时候，能够做到三思而后行，而不是一想到就脱口而出，要寻找孩子最能接受的方式，给孩子提出希望和建议。曾经有这样一位家长，他和儿子交流的时候，总是抱着"恨铁不成钢"的想法。教师和家长认真交流之后，希望他能够把对孩子的真实想法和希望写下来。这位家长仔细思考之后，所写出来的寄语和他平常所说的话有很大的区别，他这样写道："孩子，我一直认为你是最棒的。我们相信你有很大的潜力，就看你怎样激活它。首先，我们都要有信心，认真总结经验或者是失败的教训，通过坚持不懈的努力，你一定会有所进步、有所成就，祝你成功！我们永远支持你。我们永远是你的坚强后盾。"另外一位家长在和教师交流时提到，总觉得自己的孩子没有理想，希望自己的孩子能树立理想。但是，当这位家长以赠言和寄语的形式与孩子沟通的时候，他这样写道："孩子，爸爸妈妈知道你是一个有理想有追求的好孩子。可能我们过去交流不是很顺畅，我们还没有互相了解，但是我们相信只要你肯付出，只要你能坚持，你就一定能达到自己的目标，士不可以不弘毅，任重而道远。永远爱你、支持你的爸爸妈妈。"这两个孩子收到自己父母的寄语之后，看到了父母对自己的肯定和支持，深刻地感觉到父母深深爱着自己的心，因而和父母的关系有了很大的改善。从此这两个孩子变得越来越阳光、越来越自信、越来越有了坚持下去的勇气，也变得越来越努力、越来越刻苦、越来越不怕面对挫折和失败。

赠言的内容，可长可短，不拘体裁，言简意赅，但是要有针对性，可以是国内外的名人名言、诗歌谚语、格言警句、典故、照片油画，或者是正在发生的有教育意义的大事件，还可以是歌曲歌词、抖音视频、电影电视等。因为赠言的内容非常广泛，形式五花八门，还需要根据同学们的不同情况去思考、去总结、去寻觅、去书写、去制作，学生们才会更加主动自觉地去学习各方面的知识，增长才干、开阔视野。

## （三）激励每一个学生

我们为每一个同学都设计了成长日记，让同学们记录自己的成长经历，每天的日记上都会有班级某一个同学写的激励大家的话语。晚上睡觉前，同学们可以用五分钟的时间反思自己的今日所得，并且将获得的奖状、教师赠送的心形卡等可以激励自己成长的物品放入成长日记的夹子中，思考明天自己在哪些方面可以做得更好。在期末的自我总结中，有一个同学这样写道："这真是一个神奇的夹子，第一次打开它的时候，里面空空如也，但是时隔数日，里面的东西多了起来。哇，真是太神奇了，它记载了我这一个学期来辛勤的汗水、失败的泪水、成功的喜悦、合作的快乐、生命中的点点滴滴。成长日记记载的不仅是记忆，还是一种体验、一种感悟、一种对自己未来人生的责任，它将成为伴随我终生的宝贵财富。"

每次开学之初，我们会将所有同学的成长日记放在学生阅览室，对全年级同学开放，同学们可以利用休息时间去参阅其他同学的成长日记，同学们互相学习、互相勉励、共同提高。校园宣传栏每一个学期都会精心设计不同的主题，希望让每一位同学都能够把自己的才华展示在全校师生面前，从而激励每一个孩子做最好的自己。

此外，我们还为不同的班级、不同的学生提供不同的教学方式与学习方式。因材施教是每个教师都应该做到的，但是反思过去的行为，我们是否真的做到了？在进行教学设计的时候，我们是否真的根据学生的学习情况进行了认真思考和总结？是否忽视了智力发展的节奏和特点，导致教育的死板无效？我们认为，教师既要教书又要育人，既要传递知识更要开发智力，帮助学生增长智慧。人和人之间差异非常大，需要不同的培养方式，因此我们会在每一个学期，针对不同的学科对每一个同学进行调研，根据同学们提出来的问题，精心设计、改进我们的教育教学方式，并设计不同的教育教学方法，设计不同层次的作业，让每一个学生都找到最适合自己发展的区域。曾军良校长是物理特级教师，曾经为高三年级的六个学生单独开设物理课外兴趣小组辅导课。其他所有任科教师每天也都会在固定时间，根据同学们的不同情况主动给予有针对性的辅导和交流。高三毕业班的考试总结会议上，我们制作的《相信自己》的歌曲视频，要把每个学生的照片和座右铭都放在里面，因为学生们的照片和内容太多，为了把每一个学生都融入其中，信息中心的老师加班一周，反复修改歌曲，加入前奏和后缀，圆满展现了对每个学生的激励、期望和鼓励。这个视频播出后，我们年级常常倒数第一的李同学看到自己的照片在最前面出现后，特别高兴地来到我办公室，问道："罗老师，为什么我的照片会在最前面呢？"我告诉他是因为他进步最快，最有潜力。听到这些，他喜滋滋地离开了办公室，后来高考时这位同学居然过了二本线！每一个学生的心灵深处，都有一根独特的琴弦，拨动它就会发出特有的音响；每一个学生身上都有善良的本质，只要有火星就能燃烧。当李同学看到教师们真切希望他进步的美好愿望之后，他找到了前进的方向，他不再迟到，不再请假，每天坚持上晚自习，一直到 6 月 5 日他还在向老师请教，坚持和老师一起自习到最后，最终在高考中取得了好成绩，实现了本科梦！

每一年的高三开学时，毕业班的教师都会精心制作一本美丽的手册《誓言心语》送给同学们。这本手册中有每一位同学面向国旗宣誓的照片，还有每一位同学挑选的自己最喜欢的座右铭和人生格言，同学们常常会说这是毕业时教师送给自己的最珍贵的礼物。考试前每位同学在这本《誓言心语》中的照片和誓言被展示在显示屏中，每张PPT放一个学生，每天每个班放5—6个学生，六天可以把所有同学都放一遍。我们的毕业年级还会有一个特殊的环节——链条答疑：为了让每个学生都能在原有基础上得到提高，达到全面提高学生素质的目的，在校长的倡导下，我们利用每天下午5：00—5：30进行链条式答疑，各班将班级相对较弱的学生分为三组，每组每天一科轮流进行。在教师们的努力帮助下，高三的学生越来越棒！在毕业复习中，有的同学性格比较内向，害怕去办公室，害怕去问老师；也有的同学看到办公室人太多，不好意思在办公室等。为了让每一位学生都能够得到教师的关爱和帮助，我们设计了问题预约的方式，即在教师办公室的门外放一张桌子，桌子上放一个预约箱，箱子的一面写着："随着高三学习生活的深入，同学们的学习热情越来越高、竞争意识越来越强，质疑的精神尤为可贵。同学们，如果你们有问题，老师愿意随时解惑，你们也可以把学科问题以及想与任课教师沟通的时间写在预约单上，放到办公室的预约箱里。小小的问题预约箱，承载着你们的问题，也承载着老师们的爱！"另一面写着："您觉得好，请告诉您的朋友；您觉得不好，请告诉我们。"箱子里面放有可以填写班级、姓名、科目、问题、预约时间的空白纸条。同学们任何时候有任何问题都可以到办公室外面填写预约的小纸条。教师到办公室后就会根据学生提供的空闲时间进行安排，确保第一时间解决问题。同学们都开玩笑说："这是老师对我们的'精准扶贫'。"

在学生们入学的第一个学期，我们还会为每一位学生开设只有第一志愿的社团选修课，以满足学生们的特长爱好，让他们在学校找到自己的舞台。

许多教师为了能够给学生开设他们希望开设的社团选修课，重新捡起了自己在学生时代的爱好，甚至和同学们重新开启了学习的历程。很多教师成为多面手，开启了再一次成长的旅程，他们甚至开玩笑说："我们和同学们一起开启了又一段新的成长旅程，我们找到了我们的'第二春'。"为了帮助每一位学生取得最大的进步和成长，能够找到自己真实的、可以学习及模仿的榜样，我们常年在每一个年级的楼道里的电视屏幕上进行"三人行必有我师的榜样激励活动——业精于勤，行成于思"；每天安排固定时间展示同学们的优秀作业、好的学习方法等。有一位表现不太好的同学，在一个学期期末的成长日记上，写下了这样的话："我原来不知道其他同学的作业会怎样做，也不相信会有同学每天的作业都如此认真。当一个学期每天都能从年级走廊上的屏幕里看到那么多同学的优秀作业时，我感到非常震动和惊讶。从同学们展示在屏幕中的优秀作业中，我才真正知道了什么是笃实好学、精雕细刻、字斟句酌、精益求精、精耕细作、脚踏实地、勤学苦练、一丝不苟。我觉得别人比我聪明，别人比我基础好，别人还比我更加努力，所以从今天开始我一定要做一个全新的自己，一定要做最好的自己，成为自己的冠军。"

## （四）开设励志大讲堂

学校会邀请各行各业表现突出的榜样以及同学们的偶像，来与同学们面对面交流，也会为同学们请来一些平凡人物进行交流，如邀请残疾人艺术团的演员与大家进行交流。有一位同学说："当我看到只有一只手和一只脚的两位残疾演员，他们拼在一起形成一只高飞的巨鹰时，我的眼泪流下来了。从他们身上我没有看到沮丧，只看到了他们坚毅的眼神。为了做好每一个动作，他们拼尽全力。为了带给我们美的享受，他们无数次摔倒，无数次从地上爬起来，但是却从未想过放弃。我是一个有手有脚的健康人，为什么我不能做到最好？为什么在平时的学习中我常常会有放弃的念头？今天想来，其实我最需要战胜的是我自己，我需要战胜自己心中那个懦弱的、懒惰的小我，成就坚毅、努力的大我。老师，您就看我的行动吧！"许多同学因为在励志大讲堂上受到某个教师的某一句话、某一个行为、某一个动作的启发，从而发现了人生新的意义，充满了奋斗的激情。

## （五）校务委员的激励

我们学校拥有幼儿园、小学部、初中部和高中部，是十五年一贯制的学校。学校的校务委员来自各个学部、各个部门，而且从事的工作也不同。但是学校每年都会邀请校务委员为毕业班的同学开设别有意味的激励班会，有学校领导的高度重视，有来自各个部门的领导为大家加油，毕业班的学生会觉得特别自豪。校务委员们在不同的部门工作，在不同的学段工作，因而有不同的见解，他们从不同的角度带给学生们不一样的激励，也为学生们增添了学习必胜的决心。

## （六）自我激励

我们都知道，在变化中内因比外因的作用更大，是决定变化的根本原因，因此最好的激励和教育是让学生来引领学生实施自我激励。学生本身是发展和转变的主体，如果将发展的主动权交还给他们，我们可以欣喜地发现他们走到台前时会做得更好。

为了激励更多的同学，我们开展了大手拉小手的活动。每个学期我们都会请毕业班的学生到低年级介绍学习方法，但是往往去低年级介绍学习方法的学生不是年级表现最好的学生，我们通常是根据学生的具体情况挑选一些有潜力的学生，让他们先做好交流的准备，和教师沟通好交流的内容和方法再去进行交流。这些学生到低年级和同学们介绍完学习方法，既激励了学弟学妹，又提高了自己的能力，而且还备受鼓舞，大大提升了自信心。有一位成绩并不太好的同学说："没想到我在老师的心中如此有分量，我可以做得如此好，我一定再接再厉，不辜负大家的期望。"自此之后，那个学生的潜力得到了很大的发掘，令大家刮目相看。

每个班级外墙文化建设内容都由本班同学独立完成，主要是为了彰显班级的文化气息，同时也是对班级文化建设的促进和比较，是班级对外展示的一扇窗。完成之后，我们会请家长走进学校，请同学们自己向家长对作品和内容进行介绍。曾经有一位考进清华大学的同学说："我在初中读书的时候，性格比较内向，胆子比较小，并不是那么自信。高一的时候，有一期我的班级外墙文化建设计划被整体采纳。我们全部完成后，有一个人大代表团来学校参观，老师让我给代表们介绍了我们的思考和作品的设计，以及我们的梦想。那一瞬间，我的自信心得到了极大提升，我觉得我能行。这让我后来的高中生活变得更加绚烂多彩，我也如愿考上了心仪的学校。我想如果没有那一次老师给我的自我激励的机会，也许我的信心没有这么强。"

## （七）伙伴激励

如果遇到某个同学有某些事情一下子想不通，想不明白，教师通常不会直接去找这位同学谈话，而是通过找与其玩在一起的关系比较好的同学，动之以情，晓之以理，让这位同学先去跟那位同学交流，往往更加容易沟通。最后教师再亲自去找这位同学交流沟通，会取得意想不到的好效果。而帮助了同学的学生身上也平添了使命感和责任感，在与教师的交流中获得了成长，能力得到了提高，和教师的关系也更加和谐。

## （八）特殊的颁奖

为了教师的幸福工作和学生们的快乐学习能够取得更大进步，我们于 2015 年举行了特殊的颁奖加油活动。以学习小组为单位，由组长组织同学们进行讨论，给每个同学写出颁奖词，再由各位教师斟酌用词，在一模分析会上由每位家长为自己的孩子颁奖。这是家长到得最齐的家长会之一，有的同学父母都会出席。分析会上，许多家长都激动地为自己的孩子颁发奖状，甚至留下了感动的泪水。

第二次颁奖仪式在孔庙进行。同学们的周末作业就是总结自己的成长，为自己写一份颁奖词，然后由年级组统一制作奖状。5 月 9 日，活动在孔庙敬一堂前开展。首先由两位主持人宣布高三年级主题教育活动"高考，我来了"正式开始，然后各班同学表达直面高考、挑战高考、拼搏高考的肺腑之言：

今天，距离高考不足一月，

我们，在先师的见证下，

庄严宣誓——

为了愿望，我们百炼成钢，

为了理想，我们傲雪凌霜。

奋战三十天，让飞翔的梦在六月张开翅膀，

奋战三十天，让雄心与智慧在六月闪光。

我们信心百倍，斗志昂扬，意气风发，誓创辉煌！

宣誓后，高三年级进行了同学们期待已久的颁奖活动。当每位同学从教师手中接过这份由自己给自己书写颁奖词的特殊奖状时，都显得特别兴奋、激动和快乐！他们获得了前所未有的自信心，对未来充满希望，对学习充满兴趣。他们举拳宣誓："起于晨曦，学在今朝，思于宁夜，志在未来。"颁奖活动持续约 40 分钟，同学们非常兴奋、激动和感动。这次活动，不仅使学生们领略了我国悠久的传统文化，弘扬了爱国主义精神，更激发了全体高三师生的学习热情和挑战精神！回到学校后，同学们将自己的奖状在班级墙上贴出来，时刻激励自己笑对生活的挑战。从海淀区中考时排名七千多到高考时取得第106名的好成绩的张同学，他的颁奖词让我们佩服。三年来的各种考试，使他在考场上沉着冷静；三年来的班级工作，使他的办事能力不断提高。三年磨一剑，终使得他扬眉六月。从海淀区中考时的近八千名到高考时取得第1170名的刘同学的颁奖词也让我们欣喜于他的勤奋，"梅花香自苦寒来"，他靠自己的努力学习换来了优异的成绩，学有品位，学有风韵，学有成就。他们是我们年级全体同学的榜样，用行动践行了自己的诺言——"有行动，就会有收获"！

临近高考，学生们觉得压力很大，总认为时间太少，还未掌握的知识太多。为了给学生们加油打气，每个班所有教师集中到一起，特地为每个班级设计了不同的加油动作，与学生们拍了合影，并把合影制作成大幅广告画，放在了教室里，让每个学生每天都能够看到教师们充满信任的眼神，生活在快乐与自信中。同学们都笑称，教师们的微笑充满了魔力，在他们快要失去信心时激励他们重整旗鼓，迎接挑战！

## （九）有效建立教师、学生、家长三结合的和谐激励机制

在学生的成长过程中，学校、家长及其本人的作用紧密相连，能够产生1+1＞3的奇特效果。

臧克家说："读过一本好书，像交了一个益友。"高尔基在《高尔基论青年》中说："书籍鼓舞了我的智慧和心灵，它帮助我从腐臭的泥潭中脱身出来，如果没有它们，我就会溺死在那里面，会被愚笨和鄙陋的东西呛住。"这些名人告诉我们两个道理：第一，优秀的成长过程中必须有阅读；第二，需要学会选择好书，多阅读好书，多开展亲子阅读活动。每个学期，我们都要根据本年级或者本班级学生的具体情况推荐三五本书，请学生、家长与教师共同阅读，读完后举行读书报告会，由学生、家长与教师分别谈谈自己阅读后的感受，这样可以让家长和学生更加清晰地了解、理解对方，填平所谓的代沟。大家也达成共识，为了学生的终生幸福，为了学生的辉煌前程，学校、家庭、学生必须建立和谐的机制，为学生成长创造最好的环境。通过读书报告会上的深入交流，学生会深刻反思自己的言行，向先贤学习、向大师看齐，找寻人生的真谛，明白存在于社会的价值，明白作为中华人民共和国的新青年处在这个时代需要肩负的责任和使命。从小家到大家再到国家，从小我到我再到大我，学生们也会逐渐明白各种道理与规律，使精神得到升华。

每个学期开学两周后，我们将举行一次教师、家长、学生共同参加的环境文化建设活动。人的生活离不开环境，学生每天早晨从家里来到学校，待的时间最长的地方就是教室。学生进入教室后，首先映入眼帘的是周围墙上的文字、图片，坐在座位上看到的是黑板和黑板前后左右的内容。因此，这些范围内的环境文化建设是需要教师、家长、学生重点关注的。文化建设的内容，首先请每个小组的同学进行充分研讨，然后再由全班同学共同选出相关内容，将任务具体分配到每个小组，每个小组的成员再和教师、家长一起完成整个教室的布置工作。有这样一位同学，他非常聪明，但是做任何事情总是不特别认真，终日得过且过，上课不太认真，做作业也不会很用心，只要考试不是最后一名就感觉万事大吉。于是，教师有意识地请他参加文化建设的设计活动，并给他布置了一些具体任务，因为他父亲是一个书法家，因此请他父亲抄录了大家选择的励志公式贴在墙上。这个同学在后来的一篇成长日记中这样写道："每天当我走进教室，看着由我们自己选择并设计的海报上写着'迎着晨风想一想今天该怎样努力'，再看看海报上每个同学的手印，就能够回想起当初大家选择这一句话进行研讨时的过程，感觉到今天又是元气满满的一天。当下午听着值日班长对今天全班同学表现情况的总结，看着黑板右边同学们自己的绘画作品'踏着夕阳问一问今天你获得了多少'，特别是看到我们数学老师推荐的我爸爸专门为我们书写的励志公式：'1.01 的 365 次方 =37.78343433289 >>>1''1 的 365 次方 =1''0.99 的 365 次方 =0.02551796445229 <<<1'，更觉得斗志昂扬。365 次方代表一年的 365 天，1 代表每一天的努力，1.01 表示每天多做 0.01，0.99 代表每天少做 0.01，365 天后差别太大了，一个增长到了 37.8，一个减少到 0.03！我想起数学老师给大家介绍这个公式的时候同学们惊讶的表情，我自己也有特别深的感触。因此，我后来请父亲为我们书写了这个公式。看着父亲百忙之中认真地为我们书写这个公式，并且利用周末的时间把它裱装出来，我心中的问题油然而生："今天的我比昨天的我进步了多少？明天我该怎样更上一层楼？"

同学们每天都这样激励自己，天长地久、日积月累，不进步都不可能。

## （十）环境激励

每个年级的公共环境的文化建设会在假期里，根据本年级学生的情况精心设计，我们会将所有的公共环境部分按照区域、时间设定不同的主题，向同学们征求设计方案。最佳方案确定后，由师生共同完成。建设的原则主要是为整个年级的各种教育、教学活动做烘托，让学生在进入这个环境后就不由自主地参与进来，真正成为年级的主人。

陪伴同学们的是由同学们自己选择并书写的条幅"志当存高远，勤必争朝夕""想，壮志凌云；干，脚踏实地""不思，故有惑；不求，故无得；不问，故不知"等，时刻提醒他们既要仰望天空，又要脚踏实地！对毕业班的同学们，教师们都会精心设计并赠送开学礼物，他们的言传身教和精神引领贴近了学生的内心，激发了学生的成长动力。为了能够给同学们放松减压，教室的门上贴着由同学们自己设计的漫画门贴，一般由主题、漫画内容、漫画解读三部分构成。漫画门贴是根据班级学生的特点挑选的，都是合适的励志主题，是培养学生快乐学习、主动学习的法宝。有一位已经毕业的同学，回来看望老师时专门去高三的水房和厕所看了看，还特别提到了同学们在水房和厕所的文化建设带给他的收获。他说："因为学生很多，水房时常拥堵，我们在等待的时候常常比较无聊。但是，学习部的同学把我们最容易混淆的英语和化学中最烦琐的内容，以漫画的形式贴在了水房的墙壁上。没想到在教室我复习了很长时间还是不甚了解、不太明白的内容，居然在打水的时候迎刃而解，我的难题不经意之间解决了，让我印象深刻，永远难以忘记。值得一提的还有我们的男厕所。那里有我们写的古诗词、心理减压方式、记忆方法等内容，这样日积月累，记不住都难。虽然现在进入大学，但是我仍然特别怀念可爱的水房、厕所。"我们希望通过这样时时处处的激励，能够培养学生的阳光心态和积极状态！

## （十一）绿色激励

毕业班老师和同学们通过精心设计与布置，让教室变成了温馨、温暖的空间，为同学们带来了家的感觉，成为同学们的心灵港湾。在教室里，每一个同学都拥有自己的一两盆绿色植物。我们倡议自己的花草自己养。在同学们的精心呵护和打理下，这些生机勃勃的花草，陪伴着他们的学习生活。因为绿色象征青春和活力，教室内充满绿色，就充满了青春的气息，顿显生机盎然。同学们都说，学习疲倦的时候，浇浇花、剪剪枝，可以调节神经，确实是一件惬意的工作。

## （十二）窗口激励

　　同学们一进入楼道就能看到一块很大的电视显示屏，显示屏上有日常总结、通知、教育视频、名言警句、学科周竞技比赛题目、各种表彰等，内容丰富，是学生快速了解身边的人、学习身边的人的一个小窗口。显示屏每天都会更新，会随时根据同学们的需求进行内容上的调整。有一次，距离高考只有几个月时间了，同学们十分紧张，出现了比较多的问题。于是老师们精心设计并且自己创作了画有同学们最喜欢的小动物的系列漫画。每天同学们走进楼梯口就可以看到一张大大的小动物的图片，而且根据小动物幽默的动作，还配了相关主题，比如：高中生活将飞逝而过；我们期盼高考取得好成绩；我们准备迎接挑战；要有越过障碍的决心与勇气；我们一起前行；我们要始终保持合作；勇往直前，知难而上；小心翼翼，谨慎而行；拒绝懒散，拒绝平庸；直面挑战永不言退；保持乐观心态，培育挑战精神；不要忘记关爱你的亲人；等等。同学们看到弱小的羚羊敢于挑战勇猛的老虎，而且通过智慧取得了胜利时，明白了直面挑战永不言退的道理；看到小动物可爱成长时，明白了需要拒绝懒散与平庸的道理；看到憨态可掬的小猫小心翼翼踩着水面的石头谨慎而行的时候，明白了我们在学习上也需要小心翼翼谨慎而行；看到可爱的小狗为了帮助主人，不断努力最终达到目的时，明白了需要勇往直前，知难而上；看到可爱的小猫们因为团结合作吃到了食物时，明白我们要始终与人保持合作。特别是距离高考 100 天时，老师即兴为同学们送上的祝福让同学们充满了信心："在剩下的 100 天里，你愿意与学习结为伴侣，无论贫穷还是富贵，无论电脑还是手机，无论多困或者多累，无论想吃还是想睡，都把学习放在第一位，以高考为目标，同甘共苦同舟共济永不言弃，爱惜它尊重它理解它保护它，你愿意这样做吗？"同学们都在自己的成长日记上写下了"Yes, I do"！他们斗志昂扬、激情满怀，开始了新一段拼搏的旅程。

## （十三）活动激励

高三毕业班的学生参加完第一次模拟考试时，许多同学会因为长时间的复习、学习和考试，觉得特别辛苦、特别累。有些同学甚至觉得看不到成功的希望，不知道怎样去走自己的人生之路。教师们经过调查研究、反思研讨，精心为同学们设计了一次社会实践活动，主题为："人生如登山，高考如登山。"这一天春意盎然，同学们从香山脚下出发，经过一系列趣味闯关活动，所有的同学于下午三点到达香山顶峰。各个班级均在香炉峰召开了独具特色的班会，学生们也纷纷表达了对此次活动的感悟。回到学校后，每个班级都开了第二次班会，以小组为单位再次思考了此次香山之旅所带来的感悟。会议后，年级组将所有小组的集体感悟和老师们与每个小组一起拍摄的照片在走廊上张贴出来，这些感悟与照片陪伴着同学们度过了充实、奋进、幸福的一个月。同学们的感悟让老师感到特别欣慰，我们看到了教育被唤醒的魅力。学生们在感悟中写道："这次实践活动我深刻感受到人生和高考都如同登山一样。因为各种原因，这次登山一开始的时候我心里就很不情愿，身体上也有很多不适，但是当我受到激励，看到同行的同学们的激情，我给自己也确定了一个目标。为了赶上前面的大部队，我们走了一条近路，但是也是一条很难走的小路，虽然我们会很快追上，但是也有许多困难等着我们，不过在这条路上我并不孤单，因为我并不是一个人在拼搏，我有老师、同学、朋友，他们都陪伴着我，在我拼搏的路上为我加油，鼓劲。""让我很感动的是同学们之间的相互鼓励，虽然都累得说不出话来，但彼此扶持。俗话说：一个人可以走得很快，但是一群人才能走得更远，正是在互帮互助的氛围下，我们班在后半程超越了许多前面的班级。""我们一步一步朝着山顶迈进，这途中，遇到了步履蹒跚的吕老师、大口喘气的孙老师，还有满头大汗依然紧牵着自己学生的赵老师……正如高三这特殊的一年，我们努力备考的途中，并不是一个人在战斗。在我们收到成绩单沮丧无助时，是朋友在我们身边说着暖心的话；在黑夜来临我们依然在上晚自习时，是老师舍下自己的家人陪我们坚持到最后。我曾不止一次看见老师的子女在办公室里坐着，可能老师们陪他们的时间还不及陪我们的一半。""不只是个人的努力，组员之间的互助也很重要，众人拾柴火焰高，在平时我们也要像登山时那样互帮互助，手挽手，肩并肩，一起取得进步，在帮助同学们的同时，我们也会打下更坚实的基础！在山顶时，大家一起眺望远方的风景，这才是团结互助的回报。我们不缺乏信心，我们不缺乏毅力，我们更加不缺乏团结的精神，成功只会离我们越来越近！""漫漫长路，因为同学们的陪伴与鼓励而变得不再枯燥，我们手拉着手，互相说着'加油'，这是山路上最美的风景。当我们终于登上山顶，内心是拼搏的喜悦和对同学之间团结互助的感激。高考如登山，我们奋力爬向山顶，其中包含着同学们的互相鼓励。我们是一个班集体，同学们在班级里取长补短，共同朝着目标前进，才能实现双赢。让我们一起努力！""爬山的时候，都会有一个困难期。就像一模时的学习气氛，我们的知识快要饱和，剩下的只是熟练度与精确度的训练。我们小组有如下体会：学会帮助他人，将自己的优势分享给别人，会促进他人的进步；为了不拖累集体，自己一定要学会接受帮助，这不仅是为了自己，更是为了集体的平均速度。"这些感人的语言，不但时时激励着同学们，也让我们做老师的时时感动！因此，我们有了跑操喊口号，读报唱歌讲笑话，去国子监励志、公园放松等多种多样的方式对大家进行激励。

有一次学校举行拔河比赛，在比赛开始之前，宋歌老师引导学生们进行思考：为什么在高二开学的时候举行拔河比赛？比赛需要 10 个男生，对于男生只有 11 人的文科班，该怎么做？全班同学共同思考讨论后，得出了结论。拔河比赛之所以安排在高二开学，是因为重新调整了班级，新的班集体需要凝聚力。文科班有 11 个男生，只能上 10 个男生，到底谁上谁不上呢？同学们把 11 个男生的体重都列了出来，但是这样的话，不能上场的恰巧是新调入班里的一个男生。宋老师发现后，开始提示男同学："我们为什么在这个时候举办拔河比赛？"班长看出了老师的心思，什么话也没有说，就决定自己不上了。事后，宋老师问他为什么不上场，他说："拔河是为了增强班集体的凝聚力，那肯定得让新调入班级的同学上场啊。"听了班长的话，宋老师非常欣慰，这是人文实验班在拔河比赛中取得的最大收获：班集体的凝聚力和班集体的团结协作精神。

## （十四）校报《新绿》的激励

我校校报《新绿》设置了多种多样的激励栏目，指引学生前行的路。

校报设置了栏目《全家福》，定格了所有教师和学生们灿烂的笑容，学生们的誓言和班主任的寄语围绕在《全家福》的周围。

校报设置了栏目《微笑北实》，用于展示所有教师迷人的笑容，他们用爱生敬业的师长魅力唤醒了每一个学生。有一位同学拿到报纸之后，说："今天是我第一周到学校上课，在原来的学校，老师都非常严肃，很少看见老师对我们微笑，没想到我们这里所有老师在教学工作中都有这么美的微笑。原本我还担心新的学校、新的老师我都不熟悉，该怎么办呢？结果拿到高中学部的《新绿》，我看到了高中学部所有老师的介绍，知道了他们的姓名，知道了他们所教的学科，更让我看到了每一位老师和同学们在一起时，发自内心的温柔的、美丽的微笑。原来这里的老师这样可爱，我想今后我一定会抓紧时间、抓紧机会和我们可爱的老师进行交流。我一定多去问问题。我有信心把我的学习搞好，我有信心学好所有的学科。老师，我来了！"还有一位同学在他的成长日志中写道："张老师给两个年级上课，教的学生特别多，因而平时和我们私下里接触的机会并不多。开始我以为他非常不好接触，看到这张报纸之后，我发现他在给同学们讲解题目的时候，笑得十分灿烂，一下子打消了我的顾虑。老师其实对我们每一个同学都非常好，今后我一定多找机会去找张老师交流探讨学习方法。"

校报设置了栏目《新星汇》，报道在思想道德、学习成绩、文体活动等方面的佼佼者，所有"新星"都配发照片。有一位同学小何，她的性格比较内向，胆子也非常小，成绩总是倒数，也几乎没有获过任何奖项。在老师的无数次帮助和激励之下，她逐渐明白："最大的敌人不是别人，而是自己。也许自己的基础比较差，也许自己的天赋不太好，但是只要坚持下去就会有所收获。只要我们战胜自己，就是最好的成长，就是最大的成功。"于是她一天比一天努力，有一次考试她的成绩并不是太好，但是老师和同学们依然推荐她成为一颗"新星"。一年之后，她又获得了第二个奖项——优秀奖。班主任王老师在报纸上发表了关于她的推荐词："高二（六）班的小何同学是一个话语不多，很沉静但骨子里有一股拼劲儿的女孩儿，虽然起点低，但是她凭借自己良好的定性，克服了学习中的诸多困难，对自己不抛弃、不放弃，时刻给自己加油，正是这股拼劲儿，这种坚持的精神让我们感动，也让她的学习成绩大步提高，也印证了那句话：爱拼才会赢。"小何也在报纸上发表了她的拼搏感悟，她说："我曾经有幸成为一颗'新星'，今天又获得了优胜奖，这也是对我付出的努力的认可吧。除了重视学习外，我觉得更重要的事情是要静下心来，不浮不躁。知识在于积累，我没有因为没考好而气馁，也没有因为考好了而浮躁，总之，学习就是要学会一点一滴、一步一个脚印的坚持，就一定会有收获。同学们，我们一起加油。"许多同学从小何两次获奖的经历中找到了信心，全身充满了挑战自己的勇气。

校报设置了栏目《秀秀我的座右铭》，激发全体学生见贤思齐、奋发向上。

校报设置了栏目《夸夸我的导师》，学生们用满怀深情的笔触，描绘了一个个可敬可爱、充满魅力的导师形象。

......

小小的校报，传递着浓浓的师生情。

## （十五）特别的爱给特别的你——导师激励

我校实施导师制，为每个学生配备了指引成长的导师。学校所有的干部和教师都担任了导师，他们为学生的"机翼"安装了"发动机"，使得每一位学生都能从心底里认同"学校是我家"。

学生入学一段时间后，我们首先让学生们根据和老师们的相处情况，以及学校对各位老师、各位干部的介绍，分别填写志愿，选择自己心仪的导师，每人可以写三个。学校再根据学生们的选择，为他们配备导师。导师是学生们自己选择的，因而他们和导师之间有一种天然的亲和力。导师负责学生在学校的生活、学习、工作等，不仅为学生们答疑解惑，帮助他们解决遇到的任何困难，还会定期和不定期与每一个学生进行心理、学习、健康、艺术活动、人生规划、今后的职业选择等方面的交流。导师工作实施"五个一"工程，即：每天与学生见一次面；每周与学生简短交流一次；每两周给学生发送一条激励短信；每一个月开一次集体会议；每一个月与学生进行一次深度对话与交流。我校通过导师工作唤醒了学生的自觉意识，让学生实现了不断超越自我的目标，助力他们逐渐走向深刻、走向丰富、走向完善。

和学生们进行心灵与心灵的对话、生命与生命的交流，是教师与学生的情感与人格的碰撞和交融。很多老师做了学生的导师之后，常常有这样的感悟："我们应该是一团火，去将另一颗心点燃，同时也让自己成长，这也许就是唤醒学生、唤醒心灵的真正内涵。"导师制也让同学们和导师建立了深厚的情谊，一位学生给自己的导师送了一份礼物：她亲手画的老师上课的图画，她还在画上写了一首诗《致老师》：

矩尺之间，慨叹人生几何，

以自己的心灵为圆心，

一圈儿一圈儿，

描绘出桃李满天下。

我知道，

自己是一条射线，

无论走到哪里，

您都是我的起点。

## （十六）陪伴激励

美国最佳教师雷夫·艾斯奎斯讲过这样一个故事：他的班上有一个孩子，父母关系恶劣，整天打架。所以这个小学五年级的孩子，小小年纪就已经形成了扭曲的家庭观，即家就是父母打架的地方，所以他讨厌家，他一辈子都不会结婚！

如果我们遇到这样的学生该怎么办？雷夫·艾斯奎斯一句安慰和疏导的话都没有说，他郑重地向这个学生发出邀请，请他到自己家住两个月。这个学生欣然接受了邀请。两个月里，雷夫·艾斯奎斯没有进行任何说教，他把自己家庭生活最真实、最自然的一面呈现给了这个学生：夫妻之间真切的爱和相互的尊重，几个孩子之间亲密的感情，其乐融融的家庭氛围……两个月后这个学生离开的时候非常感动，他说："老师，我知道了，家是很温暖的地方，将来我也要有一个这样的家！"

我们的学生入学后通常会进行军训，一般学校都是由专门的军训培训基地来对学生们进行训练，但是我们在军训时，所有的班主任和任课老师都会一起参加，时刻陪伴在学生们身边。在社会实践活动中，我们所有的老师也会分别编组，和学生们活动在一起、吃在一起，甚至睡在一起。在与学生们一起活动时，老师们也许不一定长篇大论，但是一个信任的眼神、一个激励的微笑、一个温柔的拥抱和一次轻轻的搀扶，甚至一个小小的玩笑都会让学生受到教育。其实陪伴就是教育，就是最长情的爱，这样的教育，如水般柔和，直抵心灵，浸润生命，能够影响学生的一生。

学生毕竟是未成年人，他们的世界和成年人的世界是不同的。要真正走进他们的内心，必须用心和智慧，需要润物细无声。毕业班的学生，学习和生活要迎接更大的挑战，他们的教室往往安排在学校教学楼的最高层，因此我们把校长的寄语按照楼层进行设计，从一楼到四楼分别摆放，这样同学们每天都能感受到校长的鼓励。一位同学在和校长交流时说："我上楼的时候，看到旁边由我们自己进行设计的您送给我们的青春寄语时，我就特别感动。有校长的激励寄语每天陪着我，我觉得每天都是元气满满的。感谢每天上楼时您的'校长寄语'陪伴我们向上攀登，我才敢于挑战我过去不敢设想的清华大学，而且最终如愿。真的要感谢您和老师们的良苦用心。"后来他回学校和学弟学妹进行交流的时候，再一次提到了陪伴他每天上楼的"校长寄语"，并且说他永远记得校长说的一段话："请不要怀疑自我，更不要放弃自己！哪一粒种子不经历破土的磨砺？哪一个栋梁的成长不栉风沐雨？一定要坚强、坚定、坚毅地前行，不做畏难而退的懦夫，要做迎难而上的勇士。将大写的目标分解成数个小目标，用一个个小目标的花瓣串成大梦想的花环，颗粒归仓，零存整取。请记住，美丽的风景永远在路上，而最美的风景，更在那登上山巅后的回首一瞥之中。放下那种种的疑虑和紧张吧，只要你以平常的心态，踏踏实实、勤勤恳恳地走好眼前的每一步，你一定会发现——曙光就在前头！时间是世界上一切成就的土壤。时间给空想者痛苦，给奋进者幸福。搏击春天，翻越炎夏，走进金秋。一个人在成长的过程中，总要经历一些风雨，快刀不磨要生锈，胸膛不挺背要驼。今年注定是不平凡的一年。在我们共同的期待里，这一年一定会有明媚的春、热烈的夏、收获的秋和宁静的冬。太阳的光辉，正在穿透云层；春天的气息，正在冰下涌动；心中的梦想，正在奋斗的脚步声中实现。沿着梦想的道路矢志不渝、以梦为马、不负韶华，你一定会收获成长、修炼成人、拼搏成才、马到成功！"他觉得校长的每一段文字仿佛都是为他而写，学习中遇到的困难、挫折和困惑，都可以从校长的文字中找到答案。这些文字每天都激励着他，指导他去克服学习中的困难，所以在最后的考试中，他才充满信心，发挥出了自己的水平。他还告诉同学们："在今后的生活、工作和学习中，校长的这些话将陪伴我的终生，成为我永久的精神财富。"

在我们学校，集团校务委员会的成员利用自习课或者是班会课的时间，进入每一个班级，和同学们进行零距离的接触。他们从自己所主管的工作的角度出发，激励同学、为同学们加油、给予同学们前行的动力。同时，学校各部门的领导和老师每天还会和同学们一起出操，一起跑步。看到所有的干部、老师都和自己一起战斗，同学们真正感受到了北京实验学校这个大家庭的温暖，感受到来自不同角度的激励和尊重。高三毕业班的徐同学在自己的高考感悟中说道："老师们永远情绪高昂，每天上下午陪着我们跑圈儿。有一天我考试没有考好，身体也不太舒服，情绪特别低迷。但是在跑操的时候，我看到罗校长神采飞扬地和我们在一起跑步，瞬间我的心情就被点亮了，于是立即满血复活。我觉得，这就是榜样的力量。"

在和学生们共同学习、生活的过程中，用智慧陪伴学生，会让我们更懂学生。学生的学习生活，是他们人生旅程中或高或低的曲线，这一段曲线的优美与否和老师的陪伴、老师的智慧引领是分不开的。我们的老师用心与爱呵护、帮助学生，用宽容、温馨的态度沁润、影响、引领、唤醒学生，能够给予他们一生受用的宝贵财富：良好的行为品质、坚毅的精神、善良的人性。

因而，这样的老师是魅力无穷的。

陪伴学生时，我们需要以平等的心对待每个学生，不因为他的成绩优秀而高看一眼，也不因为他的顽劣而瞧不起他。我们给每个学生提供平等的机会，构建合适的学习平台，提供量身定做的帮助和服务，让学生能够感受到老师的关爱。此外，老师们还会以宽容的心态对待学生的错误。每个人都不是完美的，成人都会犯错误，更何况处在成长中的青少年呢？因此，我们需要用一颗宽容博大的心接纳每一个学生。每个学生都是独特的个体，有自己的特长和优势，我们不能轻易给他们贴上负面标签。正如宇宙中的星星一样，不管它自己会不会发光，只要它可以反射别人的光芒，就不妨碍它成为一颗闪亮的星星。

我们还要以一种伙伴的心态对待每一个学生，因为在对学生进行帮助和教育的过程中，我们也可以不断成长。在大数据时代，我们从学生身上可以学到的东西非常多，如果我们能放平心态像伙伴一样和学生们在一起，会避免很多难堪、少走许多弯路。在课堂上与学生交流的时候，我们的一种思维方法往往会引出学生的多种思维方法。很多老师都有这样的感受，自己在课前精心设计了多种解法，但是在上课的时候，同学们的回答和解法通常会出乎我们的意料，这其实就是学生帮助我们提高自己的最好机会。没有哪一个优秀的教师第一天走上讲台就是大师，每一个特级教师、每一个优秀的教师都一定是在和学生的相互学习中同生共长的。因此陪伴是相互的，是教师和学生的互相帮助、互相勉励。

## （十七）考试前的激励

每一次考试，无论是高考还是大考或者小考，老师们温馨的、细致的、系统的、科学的考前激励，常常可以成为学生们的宝贵财富。他们在老师的激励中学会了怎样去面对挑战，怎样面对未知的不确定性，怎样乐观地对待即将面临的困难，也学会了真正做到在战术上重视敌人，在战略上藐视敌人等品格。

考试前我们会送给学生考前七宝，它们是：考前模拟——提振信心；考前放松——心理调适；学科考法——保驾护航；考前激励——昂扬斗志；考前教育——细心备战；自主学习——答疑解惑；试前宝典——心灵良药。

一位北京实验学校理科状元回忆求学时光时是这样说的：

曾经觉得高中三年是那么漫长，如今却不得不感慨，时间这么快，高中就结束了。站在终点，蓦然回首，我看见了自己成长的足迹。三年前的中考，我裸分515分，在海淀区排3000多名。三年后的高考，我裸分668分，在北京市排1800多名。我的进步很大。这离不开老师们的悉心教导，他们都是非常好的老师，不仅教给了我知识，更教给了我面对生活的态度和为人处世的道理，我很感激他们。我的高考其实并不是一帆风顺的。我曾自以为心理素质很好，高考不会紧张，可紧张来得很突然，在考前15分钟等待发卷时，它忽然出现了。其实初时的紧张并不算严重，可当它遇上试卷中的难题后就变得有些难以控制了，于是好多平时不会选错的题目在高考中都做错了。而语文的开场失利也大大打击了我的信心，更加大了我的压力。人人都说考完后就要放下前面的科目，可是"放下"二字说来容易做来难，我努力想要不去回想，不去在意，可那份沉甸甸的压抑感却实在是不容忽视的。幸好，后来我看到了数学老师留给我们的温馨提示：

1. 不管我现在是否顺利，我都有美好的未来，笑到最后会笑得最美，笑到最后会笑得最甜。

2. 做自己想做的事，如果不知道怎么做，请看下一条。

3. 想想什么内容还没有把握，如果有就看看我们的宝典。

4.饭后休息一会儿，如果有午睡的习惯就睡一小会儿，如果没有就闭目养神一小会儿。

5.把会做的做对就是最大的胜利。

6.充满信心走向考场，边走边想，我一定是发挥得最好的。

其中的几句话抚平了我波动的心情，支撑着我坚持到了最后，最终的成绩出乎我意料地好。这次考试让我经受了前所未有的考验。这次经历将伴随我的终生，使我有勇气去克服我今后遇到的任何困难、任何挑战。这一次的考试经历将成为我终生的财富。谢谢老师！

## （十八）兴趣激励

兴趣是指人对事物的特殊的认识倾向。爱因斯坦说："思维世界的发展，在某种意义上说，就是对惊奇的不断摆脱。"日本儿童早期教育的鼻祖木村久一说："天才，就是强烈的兴趣和顽强的入迷。"在学生的学习过程中，兴趣可以说是最好的老师，能产生最大限度的激励。所以我们在学生进入学校时就会和他们进行深入交流，请他们思考并发掘自己最热爱的学科，为他们开设只有第一志愿的社团选修课，希望能打开每一个学生的心灵之窗，发现每一个学生的特别之处。

兴趣激励是学生们学习的催化剂，能够激发出他们强大的好奇心和求知欲，有助于培养自信心，使他们发现学习的乐趣，从而能从自己最热爱的学科开始，向"我要学"出发。

## （十九）问题激励

爱弥尔·左拉说："生活的全部意义在于无穷地探索尚未知道的东西，在于不断地增加更多的知识。"爱因斯坦说："我没有特别的才能，只有强烈的好奇心。永远保持好奇心的人是永远进步的人。"

学生如果愿意向老师提出问题，是他热爱学习的最佳表现。经过调研我们发现，高三毕业班的同学在高考中能超常发挥的绝大部分是经常主动询问老师、在办公室待的时间最长的学生。我上数学课时和同学们有一个约定，同学们有问题时不需要举手，可以直接说出自己的想法。如果同学们提出的问题不够恰当，就鼓励他们重提；如果提出的问题不够完整，就鼓励他们补充；如果学生有不同的意见，就鼓励大家进行讨论；忽有"灵感"或"顿悟"时允许插话，让同学们不至于有任何顾虑，而让问题隐藏起来。每天放学之前我们还有二十分钟时间，让同学们就课堂上没有解决的问题进行讨论，我们还主张学生每天晚上睡觉之前用十分钟进行反思：今天还有什么问题没有解决？如果有，一定要用笔记录下来，同学们都逐渐养成了"不要让问题陪我们睡觉"的好习惯。

寒暑假作业进行改革后，学生们无需再完成重复性的作业，而是自行预习将要学习的内容，并且记录在学习中发现的问题。他们既可以与同学们讨论或者查询资料，又可以与老师联系，请老师进行线上答疑。开学时，老师还会利用班会课的时间，让同学们总结自己的提问情况和解决问题的经历、方法等，与大家分享。一些原来不会提问、不热爱学习的同学，通过寒暑假作业的改革也爱上了写作业，爱上了提问，爱上了学习。老师们还对同学们提问题的方法进行了指导，鼓励学生在任何时间、任何地点向任何人提出问题。

## （二十）情感激励

凯洛夫说："感情有着极大的鼓舞力量，因此，它是一切道德行为的重要前提，谁要是没有强烈的志向，也就不能够热烈地把这个志向体现于事业中。"李希贵校长说："教育学首先是一门关系学。"他讲了这样一个故事。亲戚朋友在聚会，其中有人逗一个七岁的小孩儿："你认为我们这些人谁最漂亮？"小孩儿脱口而出："二姨。""为什么呢？""因为她和我最亲。"可见在孩子的心目中，谁对他好，谁就最漂亮，看似有点儿好笑，但这就是儿童的真实世界。如果师生没有感情、关系不融洽，教育还没有开始就已经停止了。因此，学校提倡微笑文化，尽力拉近教师与学生情感上的距离。曾军良校长可能是学校最爱微笑的人，他还要求干部以身作则，建议干部每天问问自己有没有对老师与学生微笑。学校的校报上还开辟了专栏，刊登着每一位老师的微笑照片，并且请同学们评选"我最喜欢的微笑""最美微笑""最甜微笑""最能给我力量的微笑"等。每年所有的校务委员都会走进班级，给毕业班的同学们送上精心准备的班会课；每到新年，校长还会带领干部、老师走进班级，给每一位同学送上新年祝福；在六一儿童节校长和老师会到幼儿园、小学为孩子们送上精心准备的小礼物；每年的晶秋节老师还会和孩子们、家长们举行幸福大联欢，共同挑战与完成生动有趣的各种大型游戏和活动；每次开学时导师还会为导生送上量身创作的赠言，以及激励成长的桌贴与柜贴；每次社会实践活动老师都会和同学们吃在一起、游在一起、研在一起、学在一起，也玩在一起，亲密无间；每年的教师节同学们也会送上自己为老师创作的诗词、给老师画的画像，甚至是为老师创作的歌曲以及自编自演的节目，祝老师节日快乐！因此，北京实验学校的校园中常常充满笑声、歌声、读书声。

## （二十一）目标激励

爱因斯坦说："在一个崇高的目标支持下，不停地工作，即使慢，也一定会获得成功。"艾蜜莉·顾埃说："你若说服自己，告诉自己可以办到某件事，假使这事是可能的，你便办得到，不论它有多艰难。相反的，你若认为连最简单的事也无能为力，你就不可能办得到，而鼹鼠丘对你而言，也变成不可攀的高山。"托尔斯泰也说："要有生活目标，一辈子的目标，一段时期的目标，一个阶段的目标，一年的目标，一个月的目标，一个星期的目标，一天的目标，一个小时的目标，一分钟的目标。"安德鲁·卡内基说："如果你想要快乐，设定一个目标，这个目标要能指挥你的思想，释放你的能量，激发你的希望。"

可见，目标的设立会给我们带来快乐和幸福。因此我们根据学生的年龄特点，为他们设计了梦想成长管理手册，开展了"我的梦想我做主，我的梦想我管理"系列活动，让每一个学生在不同目标的引领下，快乐幸福地学习与生活。每个月导师在和导生进行交流的时候，也会根据学生的情况帮其制定目标，坚持让优等生有"更高目标"，中等生有"追赶目标"，学困生有"进步目标"，为学生构建明确而合理的目标，充分发挥目标的激励作用，帮助学生进行适当调整，调动学生学习的积极性，激励学生充分发挥自己的聪明才智，让学生能够充满激情地学习，达到进一步提高科学素养，满足学生终身发展需求的培养目标。毕业年级的学生会拥有一本同学们自己编排的《誓言心语》，同学们可以在上面写下自己的短期目标与长期目标，以及激励自己实施目标的具体方法和人生格言，并且面向国旗庄严宣誓，在以后的学习生活中，对自己进行目标激励。

## （二十二）自信激励

罗曼·罗兰说："先相信自己，然后别人才会相信你。"萧伯纳说："有信心的人，可以化渺小为伟大，化平庸为神奇。"学生正处在成长的过程中，必然会遇到许多挫折和失败，不正确的评价方式可能会毁掉他们。如果我们过分强调分数对学生的评价作用，根据分数把学生分为三六九等，学生可能会因为分数不高而被贴上负面标签，这样的评价方式往往会打击一部分学生的自信心，使他们被分数压得透不过气来，无法发现学习中的乐趣。因此，我们认为分数是学生的隐私，不宜在班上公开学生的排名。学校的宣传橱窗给每个班级提供了展示的机会，老师会组织同学们去发现每一位同学的闪光点，发现每一个学生的特长，让每一个学生都成为不一样的自己。我们学校的学生每学期都有机会把自己最优秀的一面在宣传橱窗里进行展示，这让同学们都变得越来越有自信心，也越来越相信自己能做到最好。此外，学校还通过创办心理恳谈室、开设心理讲座、成立心理社团、举办心理节、组织同学们表演心理剧等方式，科学系统地提升同学们的自信心。

## （二十三）榜样激励

塞·约翰逊说："榜样具有良好的感染力。"罗·阿谢姆说："一个榜样胜过书上二十条教诲。"威·亚历山大也说："命令只能指挥人，榜样却能吸引人。"榜样是看得见的激励。学生们在成长过程中，都希望获得他人的认可，因而会自觉地向榜样靠拢。每个学期开学时，我们会在班上成立不同形式不同人数的成长小组，其中最小的是二人小组，名为"一帮一，一对红"。二人小组是老师根据同学们的实际情况进行安排的，每个同学都可以和另外一个同学组成"二人一对红"小组，两名同学互为对方的榜样，互相帮助，共同进步。同时，学期末班级还会举办"星光熠熠耀北实"活动，老师和同学们将根据学期内每位同学的表现，为大家命名，每一个同学都是某一方面的最强者，都是别人的榜样，也都能够从其他榜样身上吸取长处，成就最好的自己。

## （二十四）赏识激励

陶行知说："教育学生的全部秘密在于相信孩子和解放孩子。"相信学生、解放学生，首先就要赏识学生。要改变人而不触犯或引起反感，那么，请称赞他们最微小的进步，并称赞每个进步。列夫·托尔斯泰说："称赞不但对人的感情，而且对人的理智也起着很大的作用。"这方面的事例有很多，如著名的"瓦拉赫效应"。诺贝尔化学奖获得者瓦拉赫在被多数教师判为"不可造就之才"以后，另一位教师从他的"笨拙"之中发现了他办事认真谨慎的特征并予以赞赏，建议他试学化学，他从此学起了化学。结果，他的智慧火花一下被点着了，他在化学方面的聪明才智被彻底激发出来了，并成为在化学方面公认的"前程远大的高才生"，后来摘取了诺贝尔化学奖。

这些都启示我们要清醒地认识到，学生的学习潜能是不一样的，有的学生比较全面，有的学生只在某一方面有优势，教师要善于发现学生的闪光点，找到他们实现全面发展的有效途径。发现学生的潜能，并不等于重视学生的发展，重要的是把这种潜能发掘出来，让学生把教师的赏识看成是对自己的评价，从而产生自豪感，增强学习动力。

## （二十五）荣誉激励

每个人心中都住着一个英雄。席勒说："还有比生命更重大的，就是荣誉。"可见，荣誉是满足人们自尊、激发人们奋力进取的重要手段。学生又何尝不是如此呢？当他们获得某种荣誉，哪怕是很小的荣誉时，都能增强他们的自信心，使他们对自己的学习充满激情，从而迸发出强大的前行动力。一张奖状在我们成年人眼中也许不是太重要，可是在学生心中往往至高无上，甚至可以改变他们的学习态度，或是他们的一生。因此，每一次学习竞赛活动，我们都会给50%以上的学生颁发不同名类的奖状，目的就是激发他们高度的荣誉感和使命感。记得在高三毕业班举行的一次特殊的颁奖活动中，每一个同学都可以得到同小组其他同学写下的颁奖词，颁奖词由老师书写在奖状上，在期中考试结束之后举行的全体家长、学生、老师参加的大会上，由家长亲自把同学和老师共同完成的特别的奖状颁发给自己的孩子。以往召开家长会时，总有极少数家长出于各种各样的原因不能出席，但是那一次家长会座无虚席，许多学生的父亲和母亲都来了，甚至有一个学生的爷爷奶奶、姥姥姥爷都来到了学校。原来他回家后，激动地对家人说："这一次我将在全体师生大会上上台领取奖状，这可是我有生以来第一次呀！而且这一次是由家长在全校同学和老师面前颁发给我。"爷爷奶奶听到之后也特别高兴，说："还从来没有听说过这样的颁奖仪式，我们一定要去见识见识。"因此，他们家来了六位家长。这个学生平时在学校成绩不太好，但是从那之后他仿佛变了一个人，每天都特别开心，总是追着老师问问题，逐渐找回了自信。后来他考上了心仪的大学，毕业后从事了自己最想从事的职业。

## （二十六）表情激励

罗莎琳·德卡斯奥说："对于那些内心充溢快乐的人们而言，所有的过程都是美妙的。"果戈理说："快乐，是精神和肉体的朝气，是希望和信念，是对自己的现在和未来的信心，是一切都该如此进行的信心。"塞·约翰逊说：

"最明亮的欢乐火焰大概是由意外的火花点燃的。人生道路上不时散发出芳香的花朵，也是由偶然落下的种子自然生长出来的。"对学生来说，能够在学习的过程中，获得快乐和愉悦的心情，无异于雪中送炭。一束赞许的目光，一个会心的微笑，一句激励的话语，都可以传递真情，使学生终生难忘。

## （二十七）评价激励

爱因斯坦已经为我们作出了榜样，他在对伽利略的科学研究活动进行评价时，所看重的并不是自由落体运动公式，而是伽利略的科学思想方法。克鲁劳说："言语本来应当是思想的仆人，但却往往变成思想的主人。"海涅说："言语之力，大到可以从坟墓唤醒死人，可以把生者活埋，把侏儒变成巨无霸，把巨无霸彻底打垮。"在学生的学习过程中，我们的评价可能会产生直接影响，使他们在今后的学习中变得更加努力或者更加颓丧不堪。因此，在对学生的学习进行评估和评价的时候，我们需要小心翼翼，具体情况具体分析。对于那些已经非常刻苦，但是因为基础不太好或者天赋不太高的学生，我们需要给予激励，从其学习努力的程度给予评价和评估，让其淡化分数。比如一位学生的单元考试不及格，但是这位学生非常认真努力，我们往往会给其及格的分数。常常有学生拿到试卷之后返回来找老师询问："老师，是不是我的成绩算错了？"我们会告诉他们："这些分数经过努力是一定可以得到的，只是现在暂时没有拿到，老师相信只要坚持下去一定可以取得这样的分数。现在老师只是把你马上就要得到的分数提前给了你。"经过这样的谈话，学生们往往变得更加自信。所有毕业班学生的试卷，我们也都会打两个分数，一个是学生试卷的真实成绩，另外一个是学生如果细心运算、不粗心马虎就可以拿到的分数。学生们拿到试卷之后，都相信只要自己再认真一些，就可以得到更高的分数。人的潜力是无穷的，经过老师们的激励性评价，学生们往往可以迸发出奇妙的力量，甚至产生奇迹。

## （二十八）比赛激励

每个学生都有一颗上进心、好胜心，都希望获得胜利。比赛可以用作激发斗志、争取优秀成绩的手段，组织竞赛活动，可以增加学生们的学习兴趣，使获胜者更加努力学习，暂时失利者发现自己的问题。同时，我们需要注意正确引导竞赛中的失败者，帮助他们正确认识失败的原因，明白成功是暂时的、成长是永远的、坚持就是胜利，成长比成功重要、经历比结果重要，从而树立自信心，迎头赶上。

# 六、激励的艺术

学生是爱表现的，轻轻一夸他们就会很高兴，精神上得到满足后，浑身上下都是干劲儿。俗话说，孩子是夸出来的，但要智慧、科学地夸。丰子恺先生写过一篇回忆他的老师李叔同的文章《为青年说弘一法师》，里面有这样一些话："我二年级时，国画归李先生教……有一晚，我为级长的公事，到李先生房间里去报告。报告毕，我将退出，李先生喊我转来，又用很轻而严肃的声音和气地对我说：'你的图画进步快。我在南京和杭州两处教课，没有见过像你这样进步快速的人。你以后可以……'当晚这几句话，便确定了我的一生……这一晚一定是我一生中一个重要关口。因为从这晚起，我打定主意，专门学画，把一生奉献给艺术，直到现在没有变志。"李先生用智慧唤醒了丰子恺的心灵，产生了巨大的教育作用。

## （一）创新评价机制

每年高三毕业班二模考试结束之后，许多学生会感觉还没有复习完，希望时间过得慢一点儿；又觉得复习了这么长时间，希望高考赶快来。同时，面对那么多考试，又或考试成绩不满意，学生们往往会心情不平静，总是处在一种烦躁、惴惴不安之中，学习的效果越来越差。因此，我们每年都会提前进行科学设计，避免学生出现这种情况。首先，我们淡化考试成绩，在一些考试的试卷上不给出分数，只对错误进行标注。其次，我们会事先对试卷内容难度进行设计，要求按照我们预估的分数去出题，并对老师出卷的实际得分与我们的预计得分的拟合度进行评奖。最后，我们对每一个学生不再用分数来进行评价，而是变为每周对学生从个人状态、学习计划、课堂效率、追问意识、作业效果、改错意识、反思总结、合作意识八个方面赋分，进行总体评价。这样一来，学生更加关心的是自己的学习状态，是长远的成长，而不是短期的成绩，从而变得越来越心底无私天地宽，使得学习状态呈螺旋式上升，最终以最佳的状态迎接人生大考。

我曾看到这样一个故事：有位老板接到一桩业务，有一批货必须在半天内搬到码头。但是老板手下就那么十几个伙计，任务相当繁重。这天一早，老板亲自下厨做饭。开饭时，他给伙计一一盛好，还亲手捧到他们手里。一个王姓伙计接过饭碗，拿起筷子，正要往嘴里扒饭，一股诱人的香味扑鼻而来。他急忙用筷子扒开一个小洞，发现三块油光发亮的红烧肉藏在米饭下面。他立即转过身，一声不响地蹲在屋角，狼吞虎咽地吃起来。这顿饭，王姓伙计吃得特别香，他边吃边想，老板看得起我，今天要多出点儿力。于是他把货装得满满的，一趟又一趟来回飞奔着，汗流如雨……其他伙计也都像他一样卖力，个个汗流浃背，一天的活儿，居然半天就干完了。王姓伙计十分不解，他偷偷问张姓伙计："你今天怎么这么卖力？"张姓伙计反问："你不也干得很起劲儿？"王姓伙计说："不瞒你说，早上老板在我碗里放了三块红烧肉，我总要对得住他对我的关照啊！""哦！"张姓伙计惊讶地瞪大了眼睛，说："我的碗底也有红烧肉哩！"两人又问了别的伙计，原来老板在大家的碗里都放了肉。众伙计恍然大悟，难怪吃早饭时，大家都不声不响吃得那么香。如果这碗红烧肉放在桌子上，伙计们可能就不会这样感激老板了。同样这几块红烧肉，同样几张嘴吃，却因为老板的处理方式产生了意想不到的效果。

## （二）注意激励的时效性

老师发现学生需要激励的时候，一定要在第一时间肯定他。如果过一段时间再来激励，就失去了时效性，学生往往已经忘记了当时的所思、所想，就不能产生深刻的印象。例如每天下午放学，先按小组对当天的学习生活进行点评，对小组中做得好的及时激励，并对第二天的学习提出希望。然后由值日班长在班级进行点评，让同学们互相学习，发扬优点、改正缺点。我们需要根据不同的内容、不同的学科、不同的活动，选择激励效果最好的时机。

## （三）注重频率

激励的次数多少或者是快慢，都需要我们进行反思和研究。激励并不是越多越好，也不是越快越好，需要根据具体情况具体分析、科学设计、适度选择。

## （四）注意宽容

威廉·詹姆斯认为"智慧的艺术就是懂得该宽容什么的艺术"，朱熹认为

"治国之道，在乎猛宽得中"。塞缪尔·斯迈尔德说："与其说是人们的错误使其堕落，不如说是人们对待错误的态度导致他们堕落。"可见宽容在激励中的作用不可小觑。学生还处在成长过程中，不犯错误是不可能的。关键在于犯了错误之后我们要能让学生真正认识到自己的错误，并保证在今后的学习和生活中不再出现类似的问题，形成正确的价值观。不是所有的鲜花都在春天开放，如果这个学生是一株蜡梅花，那么我们就应该以宽容的心态等待，并精心呵护使其茁壮成长。

## （五）给予期望：把夸奖当"预防针"

美国心理学家罗森塔尔曾在小学1—6年级随机抽取20%的学生进行了"未来发展"的测验，他向老师宣布："这些学生有很大的学习潜力。"八个月后，老师获得预期的结果；一年后，这些学生的成绩仍在提高，这就是教师期望的影响。由于教师认为这些学生是天才，因而寄予很大期望，在上课时给予他们更多的关注，并通过各种方式向他们传达"你很优秀"的信息。学生感受到教师的关注后受到激励，学习时就会加倍努力，因而取得了好成绩。这种现象说明教师的期待不同，对学生施加影响的方法不同，学生受到的影响也不同。积极的期望对教育起着重要作用，你希望学生变成什么样子，在你的眼里、口里就要把他当成什么样子，这样终有一天愿望会成真。

## （六）目标设定适当

适合每个学生的教育才是最好的教育。对某些基础比较差的学困生来说，教师稍微不注意可能就会打击到他们好不容易建立起来的自信心和培养起的学习动力。因此，我们需要激励每个学生，需要让学生们明白真正的敌人其实是自己，只要每天进步一点点，就将取得很好的效果，这可以通过作业布置"超市式"或者"套餐选择式"来实现。"超市式"是老师进行作业布置后，学生可以从中任选自己愿意做的题目完成，只要达到基本的题目个数就可以。"套餐选择式"是将每天的作业分成套餐 a、套餐 b 和套餐 c 三种，学生可以根据自己的学习情况以及作业情况等具体分析，选择最适合自己的套餐。此外，导师每次和导生谈话的时候，也要帮助导生总结反思前段时间的学习生活情况，针对上一阶段的目标进行调整，并根据导生的具体情况为其设定下一个目标。

## （七）注重示范

教师是影响学生最深刻的因素，教师的一颦一笑、一举一动都对学生有潜移默化的教育作用。为了让学生们学会感恩、学会尊重他人，校长每天会在学校的各个地方进行巡视，看到任何地方有小的纸屑都会亲自捡起来丢进垃圾桶。学生们看到校长和老师无数次弯下腰，内心就会受到深深的震撼，从此学会爱护校园、助人为乐。

## （八）真心的爱

爱就是充实了的生命，正如盛满了酒的酒杯。希尔泰曾说："爱可以战胜一切。"席勒说："爱能使伟大的灵魂变得更伟大。"学生把教师当成知心朋友，就会热爱学习、自觉学习。如果师生间缺乏这种友好合作的关系，缺乏感情交流，甚至互不信任、对立和敌视，就会使学生产生逆反心理，导致教师的任何教育都不起作用。在学校里，常常有些被老师"忽视"的学生，他们的成功与进步老师都不大关心，该肯定的不被肯定，犯错误或成绩不佳时却被批评指责，这不但容易挫伤学生学习的积极性，使之产生厌学情绪，还会使他们拉帮结伙形成对抗学校和教师的消极力量。如果老师真心爱护学生，学生一定能够感觉到老师深深的爱，并会因为珍惜这份爱，使成长之路变得更加顺畅。

## （九）奖励适当

对学生的激励、奖励是否恰当，需要老师仔细留心。生活中有这样一种现象，因为爷爷奶奶害怕刚出生的婴儿被冻坏，于是给他穿了里三层外三层的衣服，婴儿反而生病了。我们对学生进行激励时与此类似，同样需要注意是否适度。适当的激励会使学生充满前行的勇气，而不适当的、不符合实际情况的激励往往会适得其反。过重的表扬和奖励会让学生觉得老师是在讽刺自己，或者会使学生不能正确认识自己，产生骄傲自满的情绪，甚至可能会捧杀某些学生。

## （十）注意因人而异

人的需要具有多样性，因此激励要因人而异。不同年龄特征的学生需求的差异会很大，优等生、中等生和学困生因为认知的不同、基础的不同，对成绩的提升、自己的成长和能力的提升的需求也不尽相同。不同性格的学生经历不一样，因此性格外向的学生和性格内向的学生激励的方式也不能相同。甚至这些学生过去和老师的关系的亲疏，也对激励方式的采取有所影响。

此外，老师还要根据每个学生的情况和特点进行激励。同一个学生在不同的时间、面对不同的情况时，也可能会有不同的需要。我们要用不同的激励方式，给予每一个学生最恰当的激励。

## （十一）注重具体事实

"你真好""你真棒""你表现很好"，这些表扬对我们来说可能轻车熟路，但是如果我们总是这样笼统地表扬学生，会使他们不知道接下来该怎样做。我们应该就学生具体的事情进行表扬激励，比如：今天你的作业写得非常工整；今天你上课时，学会了用红色的笔把自己在课堂上没有听懂的问题标注出来，并且在当天就到办公室来向老师请教，做得非常好；你今天听得可认真了，会听的学生是会学习的学生；你讲得很有道理，如果你能把语速放慢一点儿，其他同学听得就更清楚了；别急，再想想，你一定能说清楚的；开动你的小脑筋去想，说错了没关系，老师喜欢肯动脑筋的同学；不仅自己认真、按时完成作业，还能提醒同学，真是了不起；能够提醒同学不抄作业，而且主动给同学讲解这道题的来龙去脉，老师为你点赞；你不仅把观察的结果都详细地记录下来，而且还写得非常端正、清晰，真不错……

## （十二）激励努力，不夸聪明

美国的研究人员让幼儿园孩子解决了一些难题，然后对一半的孩子说："答对了八道题，你们很聪明。"对另一半说："答对了八道题，你们很努力。"接着给他们两种任务选择：一种是可能出一些差错，但最终能学到新东西的任务；另一种是有把握能够做得非常好的。结果 2/3 被夸聪明的孩子选择了容易完成的，被夸努力的孩子 90% 选择了具有挑战性的任务。

## （十三）注重公平

人们总是习惯把自己的努力和取得的成绩与同自己条件相似的人的努力和

成绩作比较，如果两者之间比值相似，就会觉得公平，此时的激励有利于提升学生们的积极性；如果一方比值大于另一方，那么学生们就会觉得不公平，从而挫伤学生的自尊心，影响激励的效果，甚至导致某些学生对老师产生误会，进而破罐子破摔、不思进取。因此只有公平的激励，才能真正起到促进学生成长的作用。

## （十四）注重实现物质和精神激励的恰当组合

物质激励和精神激励对于成长中的学生来说都是不可缺少的，我们需要精神和物质两手抓，并根据不同的情况进行恰当的选择，帮助学生形成正确的世界观、人生观和价值观。

## （十五）注重激励机制的可操作性与准确性

对学生的激励机制、班级规定等，需要搜集学生的相关信息、全面了解学生的真实情况后进行系统分析，并制定操作性强的、准确度高的激励制度。而且要在广泛征求学生意见的基础上，出台一套大多数人认可的制度，并且把制度公布出来。之后，还要让学生在学习生活中长期坚持，充分发挥他们的潜能，激发他们的上进意识。

尊重与激励如顺风，吹起将要起航的帆；尊重与激励如雨露，催生希望的嫩芽；尊重与激励如明灯，照亮黑暗中的路；尊重与激励如暖阳，驱散心头的寒冷；尊重与激励如阳光，温暖师生前行的路，为学生终生幸福奠基。

# 第五章

## 魅力教师"幸福工程"

我们的目标是办"孩子向往，教师幸福，社会满意"的学校，对于教师来说，幸福是最重要的教育教学工作的体验。哈佛大学最受欢迎的课程既不是法律学，也不是经济学，而是沙哈尔教授主讲的幸福课程。他说："人们越来越有钱，为什么反而感觉越来越不幸福呢？那是因为追求幸福的方法错了。"魅力教育希望从事教育教学的教师能够感到幸福，希望每一位教师都受到尊重，每一位教师都得到激励，每一位教师都有施展才华的舞台，每一位教师的专业成长都能被关注，每一位教师都可以参加一个以上的学习型组织，每一位教师都能够有一项爱好，每一位教师都有进修的机会，每一位积极工作且为学校作出贡献的教师的发展都能被重视。我们希望把学校建成教师施展才华的舞台、成就事业的殿堂、心灵栖息的居所、幸福生活的家园，我们相信，教师的幸福建立在学生成长、专业提升、团队和谐、身心健康、价值彰显的基础上。我们认为，初级的幸福快乐，是肉体的幸福，是吃饱穿暖，满足物欲；中级的幸福快乐，是精神的幸福，是诗词歌赋棋琴书画，游走天下；高级的幸福快乐，是灵魂的幸福，是付出奉献，使他人能因为自己的存在而感到幸福快乐。我们都是教师，都是平凡的人，但是我们不平庸，我们追求优秀，更追求卓越。

# 一、幸福工程的目标

　　教师这一职业职责伟大却岗位平凡，只有时刻保持仁爱之心，时刻保持良好的生命状态，才能更好地教书育人，实现个人价值。因此，只有教师真正从内心发现幸福，使内心的"马达"有足够动力，才能激发自己投身教育事业，才会给自己、给学生带来更多的幸福感。认识到这一点之后，北京实验学校与时俱进，创新学校活动模式，开展了"幸福工程"。

　　幸福是什么？不同的人对幸福的定义和标准是不一样的。哲学家费尔巴哈说："你的第一责任是使你自己幸福。你自己幸福，你也就能使别人幸福。"那么到底什么是幸福呢？幸福其实没有标准，可以是一种心态，可以是一种责任，也可以是一种信念。对于医生来说，治好病人的病是幸福的；对于攀登者来说，登上喜马拉雅山顶是幸福的；对于母亲来说，看到孩子健康快乐是幸福的……

　　教师的"幸福"在哪里呢？就像一千个读者眼中有一千个哈姆雷特一样，各人有各人的答案，古今中外很多哲学家都进行过形而上的研究思考，总体概括来看，教师幸福包括身心健康与职业发展两方面。教师在提升教育教学水平，满足人们对优质教育需要的同时，也应努力追寻幸福生活。教育的重要目的是要努力促使每一个人都能拥有幸福完整的人生，对教师而言，幸福不仅仅是一种理想的职业状态，更是教育过程中对于人生价值的体味和精神世界的创造，是教育过程中的一种高级的、愉悦的情感体验，是一种精神享受。如果教师看到自己的学生比昨天更懂事了、更有礼貌、更体贴家人老师同学了，看见学生坚持努力学习了，学生不会的知识弄明白了……内心定会充满自豪感。而学生所有的进步都需要教师细心的浇灌和引导，因而教师的幸福感是需要自己经营的，需要教师怀揣着满满的正能量和理想信念去耕耘。

因此，北京实验学校"幸福工程"树立的目标是激发教师的激情和活力，引导教师自发建构以理想信念为支撑的职业动力，以期达到"育人自强，魅力教书，专业成长，高雅情趣"的共同愿景。

## 二、幸福工程的实施过程

我校目前有多位特级教师，他们之所以能成为特级教师，除了自身过硬的专业素养之外，更因为他们都有良好的习惯和积极的人生态度。他们大多身兼数职，但从不抱怨，无论在工作还是生活中都有良好的习惯，对待学生和同事不急不躁，正能量满满。因此，学校邀请特级教师组建"幸福工程"的导师团队，该工程共有九个小组，由特级教师担任组长，年轻的教师担任副组长，双向选择，既合又分，共同开展幸福活动。

经过认真研究，结合本单位实际，我们设计了"幸福工程"的工作开展思路图，如下图所示：

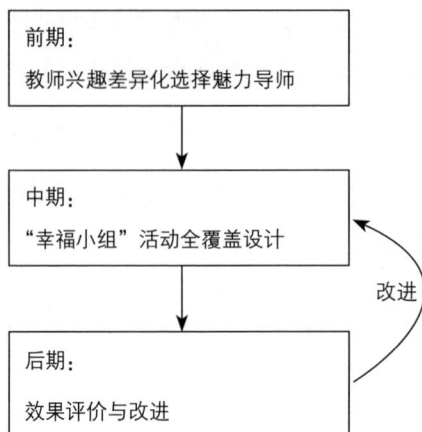

**"幸福工程"工作开展思路图**

（一）前期：教师兴趣差异化选择魅力导师

在本阶段：要设计、发放、回收"幸福工程"魅力导师选择志愿表并进行统计分析，以掌握教职工选择魅力导师的意愿。如下表所示：

**"幸福工程"魅力导师选择志愿表**

| 教师基本情况 | | | | | |
|---|---|---|---|---|---|
| 姓名 | | 年级 | | 学科 | |
| 第一志愿：（请在魅力导师名字下面画对勾） | 商晓芹 | 蔡建泉 | 谭瑛 | 陈立强 | 王传平 |
| | | | | | |
| | 曹丽敏 | 田国强 | 马惠玲 | 刘国成 | |
| | | | | | |
| 第二志愿：（请在魅力导师名字下面画对勾） | 商晓芹 | 蔡建泉 | 谭瑛 | 陈立强 | 王传平 |
| | | | | | |
| | 曹丽敏 | 田国强 | 马惠玲 | 刘国成 | |
| | | | | | |

每位教师可以选择两位心仪的魅力导师，学校统计后按照第一志愿和第

二志愿组建最终的"幸福小组",保证每位教师都在自己心仪的小组内。

依照教师志愿分布组建"幸福小组"是一项很有效的尝试。从教师的职业角度来看,每位教师都有自己的偶像,向往能够得到特级教师的亲身指导。这样的选择符合教师的心理愿望,拉近了教师和喜爱的魅力教师之间的距离,有助于教师间的多维度交流,促进教师的职业技能水平提高,还在一定程度上满足了教师心理层面的建设。

(二)中期:"幸福小组"活动全覆盖设计

在本阶段,小组已经结成,组内交流比较便捷,教师们志同道合也有助于活动的安排。学校结合各小组的兴趣,可以设计多元丰富的活动。活动的开展以丰富教师文体生活、建设积极健康心理、提升教师教育思想、优化教育教学手段和技能为出发点,多为读书交流、健身操、课程课标研讨、督学听课、专题讲座、学习交流等。

各小组之间活动的兴趣偏好不同,有的小组组织读书交流会,有的小组组织互相听课,有的小组组织健身活动,有的小组开展提升个人修养的书法鉴赏活动,等等。广大教师的积极性很高,活动取得了预想的效果。下面对各个"幸福"活动模式进行介绍:

1. 生活工作"两兼顾""三工程"

例如:我校高中物理特级教师王传平老师领导的"幸福小组"将工程分解成了三方面:

身心健康工程:小组成员坚持散步,落实课间操,开展插花活动和健步走活动,等等。

家庭和谐工程:小组成员之间互相关心生活起居,并在微信群中互通有无。

专业提升工程:小组内有经验的特级教师和高级教师全面指导青年教师工作,组织大家参加教育装备展,积极开展读书交流会,等等。

2.看见学生进步的"幸福"活动

作为教师，我们最大的幸福就是看到自己教育的学生一天天在成长，一天天在进步，因此有的"幸福工程"专注研究如何让学生快乐地学习。"我们的幸福在哪里？"数学特级教师陈立强认为，上课要充满激情，尽享"数学学科魅力"，要看到学生进步。陈老师学识渊博，在追寻教师幸福的实践道路上，满载着对教育的忠诚、对学生的关爱！英语特级教师谭英分享过自己带领一届又一届学生参加并获得全国英语比赛奖项的历程，尽显一个老师对学生的付出和关爱。生物教师田雅丽分享到，生物学科可以开展丰富多彩的实验活动来激发学生的学习兴趣，比如组织学生进行葡萄酒的酿制，让学生们在实验室过滤发酵液并在显微镜下观察和计数发酵液中的酵母菌。学生们将实验室发酵液静置一周后，分离出葡萄酒后，田老师还组织了一场"品酒会"，不仅展示了同学们的劳动成果，还加深了同学们的友情，丰富了课余生活，同学们开心极了！看到同学们开心，田老师心里很高兴，家长也跟着高兴。

3.看见徒弟进步的"幸福"的活动

我校英语特级教师李红军在一次分享会中这样讲道："学、做、思、写、讲，这五点是魅力教师成长的一条光明大路！"我校化学特级教师商晓芹说："幸福是你把不好做的事情做好后的自豪感，是不断地成长与进步。作为教师，我们的幸福就是在从事教师工作中产生的一种美好的心理感受。"我校的特级教师都担任了青年教师的"师父"，借助"幸福工程"的平台，师徒之间的交流更多了，很多"徒弟"的教学专业技能得到很大提升，这些青年教师不仅自己幸福、高兴了，他们的"师父"心里也跟着高兴。

青年化学教师李亚敏是化学特级教师商晓芹的徒弟，她说道："学校引进特级教师商老师作为我的人生导师和专业师父，是我最大的幸福和幸事。"

青年语文教师胡晓静是特级教师蔡建泉的徒弟，她说："师父的每一堂课都为我们开放，他教在前，我们学在后。感谢师父无私的教授和博大的胸怀，紧跟着师父的步伐上课，可以占领最核心、最重要的阵地。感谢师父慧眼独具，为我们指明了前行的方向，帮我们增长辨别力、提升自信心，让我们不慌乱、不迷糊，稳稳当当、踏踏实实、坚定地走在教学水平提升的通途大道上。"

......

特级教师作为小组工作的组织者，为了帮助组内教师进步，有的组织教师共同听课，有的组织教师积极研究如何开展有效的师生交流，有的组织教师学习智慧设计作业……"幸福小组"通过多种方式的共同运用，有效促进了教师教学水平的提升。

4. 特级教师分享与引领

教师的专业成长需要有榜样引领，学校因此开展的特级教师引领的"幸福工程"，就是想让教师们学习特级教师的职业态度和生活态度，实现自己专业的成长和对生活的热爱，以此获得更多的"幸福感"。特级教师的分享是"播种机"，一定会对聆听的教师们的职业成长的制定与规划有极大的帮助，由此"幸福工程"还邀请了特级教师为青年教师介绍成长经验。

学校化学特级教师曹丽敏分享过自己的成长经历和自己对教育的三"明"追求。她表示，在人生成长的道路上自己从来没有停止过学习和深造，教师的成长是一个厚积薄发的过程，在个人成长的过程中需要有压力、有目标，因为有压力才会有动力，有目标才会有方向。曹老师谈到自己也经历过职业的倦怠期，幸好有"高手"的指点，自己才明确了走"专家型教师"的道路，这助推她在教科研方面越走越远。接下来，曹老师又分享了自己对教育的认识和追求。她称自己受到顾泠沅教授"追求做'明'师"的启示，明确了自己的三"明"：第一，要做科学的教育；第二，要明确学科内在的体系架构；第三，要正确了解学生的认识发展和需求。她认为教育就要教给学生"沸腾的生活、诗意的人生、精神的享受"！

学校物理特级教师曾军良校长分享道："从教要把学习与提高作为永恒的主题。要认真学习和研究同行的长处，不要文人相轻，要文人相重、相敬、相爱、相助、相长，要不断地、兼容地发展自己的特色。全面又有特色的师者形象，将给学生一生留下印象，更能使自己的长处在学生身上得到有效延续和生长。一个没有学术气的学校是危险的，一个没有学习习惯的教师是充满危机的。"

"我最喜欢的荣誉称号是什么？"语文特级教师刘国成以此引入，他说自己并不是特别喜欢特级教师、骨干教师、学科带头人、正高级教师等称号，而最喜欢"蜡烛"，因为教师就像蜡烛一样，奉献了自己，照亮了学生。刘老师称自己最崇尚的职业精神就是"教一辈子书，育一辈子人"，他向青年教师介绍了自己的六点心得：第一，以教师的真情，厚植学生的真情；第二，以教师的自信，提振学生的自信；第三，以教师的责任，唤醒学生的责任；第四，以教师的勤奋，唤醒学生的勤奋；第五，以教师的恒心，唤醒学生的恒心；第六，以教师的高度，唤醒学生的高度。

语文特级教师蔡建泉这样讲述老师的幸福："常念舒本，静待花开。教育是树人的事业，教育的本是什么？在我看来，一是教师之本，一是学生之本，两个本缺一不可，互为因果。现在学校能安安静静地育人，教师能清清静静地教书。那么幸福也就在其中了吧？"

"幸福工程"经常邀请特级教师进行这样的讲座。优秀的教师从来不吝于给年轻教师提供人生和专业的启发，这凸显了特级教师的人格魅力，也体现了老教师身上的责任与担当。教师的成长一代带一代，这样我们未来的教育事业才会有序、健康地成长。

"幸福小组"倡导教师多阅读，多写作。特级教师田国强与大家分享的书目是《无声告白》。如何把读书与自己的教育工作有机地结合起来？如何避免学生的悲剧事件？"他者之痛"与自我调整又该如何处理？田老师告诉我们要"倾听内心的声音，做真实的自己"。语文特级教师马惠玲更是通过经常写作给年轻教师进行示范，如《孩子，你明白老师为什么"整"你了吗》，教给教师要"修理"学生的不当言行，"拯救"自己的思想，提升为人境界，这样教师的未来才会更加宽广。历史特级教师周清华兼任学校课程科研处主任，他不仅自己对魅力教育理论指导下的课程建设和教学实施进行了很多思考，还带领全校教师积极研究、思考，近几年连续获得海淀区教科研论文数量第一名。

5. 开展有利于身心健康的多样活动

教师的幸福需要强健的身体，需要积极阳光的心态。因此。"幸福工程"特别注重对教师身心健康的建设。如邀请心理教师组织教师在团队协作中，打开潜意识的入口，打开身体体验，全身心投入快乐情境中；邀请体育老师组织开展以"快乐幸福"为主题的"幸福工程"拓展活动，包括"鼓足勇气"吸乒乓球接力传递、"大材小用"夹玻璃球、"顺拐二人组"翻盘子找水果、"你比我猜"来闯关等一系列拓展游戏，老师们放松了心情，增进了友谊，纷纷表示拓展游戏带来的最大感触便是团队的力量最强大。

教师在课堂教学过程中，需要大量用到嗓子，教师清晰、洪亮的声音和抑扬顿挫、富有感情色彩的语言对鼓舞学生情绪、提升教学效果有积极作用。嗓子使用方法不科学，只用不养或只用不练，往往会造成嗓音的质量下降，讲不响，讲不长，甚至于沙哑失声，给工作和学习带来不便。"幸福工程"邀请专业医生为教师讲解如何保护嗓子。医生通过气息变换、声带放松等实践练习结合教师职业特点给予了保护嗓子的合理化建议，就呼吸方法、发声方法、嗓音保健做了系统的讲解和训练，给大家上了一堂生动的用嗓保健课，使我们受益匪浅。类似讲座既有理论高度，又有很强的现实针对性和指导性，是指导大家加强自我保健，开启健康之门的金钥匙。

春天来临，"幸福小组"齐聚玉渊潭公园，开展团队建设活动。大家围成一个大圈儿，猜谜语、诗词接龙、知识抢答……大家的笑声、赞叹声、欢呼声，汇聚成一片魅力的海洋。这些活动使教师们的身心得到放松，收获了满满的幸福感。

振兴民族的希望在于教育，振兴教育的希望在于教师。教师是学校教育的关键所在，教师的人格和心理健康状况直接或间接地影响着学生及其他教师的心理与行为，对于教师个人工作的成败也有极其重大的作用。希望"幸福工程"能给教师更多身心健康方面的帮助。

（三）后期：效果评价与改进

在本阶段我们会对组织的活动进行多角度评价，并结合反馈结果不断改进"幸福小组"活动的全覆盖设计。效果的评价可以采取多种方式，比如高中学部召开的"幸福工程"分享会。九位特级教师分享了自己小组开展幸福活动的各项举措，他们的小组开展的活动有促进身心健康幸福的、有促进专业成长的，都关注到了教师的生活和工作两个方面。在特级教师的引领下，教师尤其是青年教师的压力得到很大缓解，专业技能得到有效的提升。小组之间还可以互相借鉴，在下一环节的活动中进行改进。

教师发展不仅需要专业引导，更需要生命关怀、人文关怀和价值关怀，三种关怀之间的相互渗透和融合是教师幸福的必要条件。希望教师们能从思想深处、心灵深处，感受到事业带来的成长，努力实现事业与家庭的平衡，在工作学习中与学生共同成长、与同伴携手共进、与家人共创温馨家庭，从而收获教师职业的成就感和幸福感。

身体是革命的本钱，教师长期坚持在教学一线需要健康的身体。"健康的体魄是自然赋予人类可能幸福的起点"，无论是通过分享让精神变得更加丰盈，还是利用生活情趣让教育更有趣味，只有健康才是基石。费尔巴哈认为"幸福不是别的，只是某一种生物的健康的正常状态，它的十分强健的或安乐的状态；在这一种状态下，生物能够无阻碍地满足为它本身所特别具有的、并关系到它的本质和生存的特殊需要和追求"，幸福在健康的基础上才会生根发芽。而教育首先体现的一定是对于生命的关照，我校"幸福工程"小组的教师们便"约法三章"，一起运动锻炼，操场上时常洋溢着老师与同学们的欢声笑语。

作为一名教师，对自己的职业要有认同感，而认同感的坚实依托便是自身对职业的担当与热爱，"春蚕到死丝方尽，蜡炬成灰泪始干"，教育是贯穿人生的大事，每一位教师都应有献身教育、深耕于此的热情，并基于个人理想与实际，有效制定个人的专业发展战略规划，去为之不懈努力奋斗。亚里士多德将人的幸福划分为三类，即"来自肉体的幸福、来自心灵的幸福和来自外面的幸福"。一个有质量的生命绝不单单意味着生物学意义上的健康，在生命的起点上，更要看其生命内在是否存有强大的个性动力与坚韧的品格，对于教师而言，即"学为人师，行为世范"的高贵品性。

除了在学习中收获幸福感，教师的幸福感还主要来自学生的爱戴。教育是直接去影响人或者改变人的特殊职业，因此决不能成为一个自我消耗的实体，而要通过不断的学习获得精神滋养，培养对自我职业以及生命深度认识的能力。一滴水很快会蒸发，一桶水也终有尽时，只有源源不断的活水，才能取之不尽，用之不竭。在这个知识激增、信息爆炸的时代，教师只有不断学习，储存知识，才能适应时代发展。苏霍姆林斯基说："学生眼里的教师应该是一位聪明、博学、善于思考、热爱知识的人，教师的知识越深湛，视野越宽广，科学素养越全面，他就在更大程度上不仅是一名教师，而且是一名教育者。"换言之，如果想给学生一杯水，那么作为教师我们自己需要是"一眼泉"。只有博学多才的教师，才能赢得学生的尊重与喜爱。面对日新月异的新知识新技术，教师必须持续更新自己的知识库，把学习当作工作和生活的一种方式，坚持工作学习化，学习日常化，不仅要向书本学习理论知识，更要向生活学习，向同行学习，也要积极向网络学习，向学生学习。教书是磨人的工作，一节课无论准备多久还是会觉得时间不够，因为上好一堂课需要在方方面面下功夫，如理论功底、语言艺术、形象管理、课堂组织、气氛调动、教学活动编排、学生作业的评讲等。作为教师，可以说是身兼数职，几乎要十八般武艺样样精通。俗话说"台上一分钟，台下十年功"，要想做到在课堂上神采飞扬、收放自如、幽默风趣，需要在课堂之下苦练内功。

"问渠那得清如许，为有源头活水来"，教师要在实践中感受幸福。如果教师只会照本宣科，理论脱离实际，那么真实的课堂教学就会干瘪从而缺乏生命力，导致学生在课堂上所获甚少。这一点我们可以从我国古代优秀传统教育思想中汲取经验，《论语》有云："不愤不启，不悱不发。举一隅不以三隅反，则不复也。"朱熹曾经做过注解，他认为"愤者，心求通而未得之意；悱者，口欲言而未能之貌"，在实际教学中教师要努力做到因势利导，顺势而为，只有将学到的知识与课堂中的实践相结合，并习惯于在学习和实践中反思得失、总结提高，才能增强教学的针对性和实效性，具体到真实的教学中，就要努力做到师生平等交往。教学过程是师生双向积极互动的过程，教师尊重自己的生命和人格，同理应懂得尊重学生的身心发展规律，理解学生的心声。作为教师，一定要理解自己的教育对象，我们不仅要走近孩子，更要走"进"孩子，理解他们的需要，尊重他们的个性。在新教育的背景下，教师应逐步实现角色定位的转换，由教学中的主角转变为学生发展的引导者、促进者，积极创设互动互惠型的教学关系，并在教学任务的设置中体现教学方式的启发性、主动性、体验性等特征。

北京实验学校高中部"幸福小组"基于现状而又不满足于现状，支持和帮助教师个人学习和交流，发挥教师的主观能动性，创设主动为师、互教互学的环境和相互切磋、共同研讨的学习团队，不仅强调个人学习，更强调团队学习和组织学习，正确处理好了教师个人发展与教研组建设之间的关系，让组员实现携手共进。"幸福小组"作为教师成长的专业支撑、精神家园，能够使每一个组员在这里取得进步。学校还借助已有的特级名师工作室，充分发挥名师工作室特级教师组长的榜样带头作用，帮助组员在职业生涯中谋发展，在合作互助中实现自主进步，在日常工作中善于发现教育教学中的新问题，积极寻求解决之道，自觉提升科研水平。小组内除了学习理论、问题讨论之外，还经常开展读书交流、自我剖析等活动，共同营造民主、宽松、和谐的氛围，促使教师之间的横向交流与分享成为常态。特级教师传授经验，青年教师积极上进，有效促进了教研组成员整体素质的全面提高。教师的工作不仅是职业、事业，更是一场生命的旅程。教师在耕耘中不仅要收获自我成长的喜悦和事业成功的快乐，还应该拥有家庭和谐的幸福。因此，北京实验学校的"幸福工程"帮助教师平衡好了事业与家庭的关系，为教师的专业发展增加了助力。只有怀着理想信念的幸福教师，才能更好地激活自身的潜力，才能怀着激情去解决教育教学工作中的各种问题，奏出一支生命和教育融合的宏大乐章。

"幸福工程"是北京实验学校的一项魅力尝试，这项工程的开启有着积极的价值引导作用，学校永远将教师的幸福作为追求目标之一，即：用"人本化"和"教师为本"的管理理念给予教师理解、支持与关爱，重视教师的身心健康，搭建平台促进教师专业成长，组织教师与特级教师的多方位交流，尽量满足每位教师的需求，努力构建和谐的魅力学校。

第六章

魅力教育成就了"我"

北京实验学校的魅力教育在国内基础教育界产生了很大影响，受到各方高度关注。魅力教育以办"孩子向往、教师幸福、社会满意"的学校为目标，通过推进魅力管理，营造魅力文化，开发魅力课程，打造魅力课堂，争做魅力教师、魅力家长，培养具有"北实精神、中国灵魂、国际视野"的魅力学生的过程。

魅力教育的核心思想体现为：构造一方池塘，服务孩子自然成长；点燃一束火焰，启迪孩子自己成长；敲打一块燧石，引领孩子自由成长；推开一扇大门，促进孩子自觉成长。而这"自然、自己、自由、自觉"的"四自"箴言，正是激发学生自主发展的重要方法。自主发展，重在强调能有效管理自己的学习和生活，认识和发现自我价值，发掘自身潜力，有效应对复杂多变的环境，让学生成长为有明确人生方向、有生活品质的人。而这一思想正是核心素养所强调的"学会学习、健康生活"，实现学生自主发展的完美写照。我们提出魅力教育的主要方式是面向个体——让老师受到尊重，让学生受到鼓励。我们学校的老师都有这样的认知：每一个生命个体都和一个家庭、一个社会紧密相连，所以关爱一个生命个体，其实就是在关爱一个家庭，关爱整个社会。

北京实验学校推进魅力教育的过程，是从多方面提升学生核心素养的过程；推进魅力管理、营造魅力文化的过程，是通过创新学校文化管理和创设学校文化育人氛围，培养和提升学生的社会责任和人文底蕴，以及培养和提升教师的专业技能的过程。

　　处于不同阶段的教师有不同的需求，我校在清晰地了解并正视教师在不同成长阶段的重心之后，根据专业发展的阶段性为教师群体设立成长体系，有针对性地提出培养方向，并针对处于不同成长阶段的教师，成立不同类型的工作室，为不同发展阶段的教师提供成长平台，提高教师自身素养，使北京实验学校的全体教师能够不断成长，更好地为教育事业服务。特级教师、骨干教师、青年教师、干部教师在魅力思想的引领下，广泛参加教学研究、课题研究、课程研究、战略研究等，有的还被邀请参加魅力思想研究的学术委员会，有充分的机会和广阔的平台彼此交流、彼此进步，获得了自身职业的极大发展。很多教师在魅力思想的引领下成为学校、市区级的骨干力量，成为教研组、备课组、课题、课程的负责人，带领组内教师共同研究魅力思想。有的教师还成为市区级学科带头人、区级兼职教研员等。

　　特级教师在魅力教育思想的引领下辐射影响力增强，我校近20名特级教师在社会各界的影响力越来越显著，在各项重大的市区级活动中都可以看到他们的身影，如高中化学特级教师商晓芹担任了《高中数理化》杂志的常驻编委；高中语文特级教师马惠玲被《教育头条》评为"最具人气教师"，海淀区为她个人成立了劳模工作室；高中生物特级教师王冬梅是海淀区名师工作站的导师；生物特级教师李银乐受紫竹院学区邀请，成立了"李银乐名师工作室"……这不仅彰显了我校特级教师的水平，更是北京实验学校魅力教育思想正在社会各界产生重要影响的证明。

　　马惠玲，语文特级教师，北京实验学校校长助理，主管我校督学工作。2015年6月，她成为北京实验学校的一员，由聆听曾校长报告的偶然"遇见"变成了共同"摆渡"的亲密战友。马老师称，自从接触魅力教育，自己的教育境界更上了一个台阶，突出了教师由"教书"到"育人"角色的转变。她注重对学生的"成长"教育，力求培养能适应未来发展的社会人，是在培养有思想、会思考、有信仰、有追求的精神灿烂者。她认为，不要把着眼点放在分数上，也不要注重功利化的结果，而要把着眼点放在成长、有价值的过程中，打好学生成长的基础，积淀学生丰厚的素养，这样高考成绩就不会差，这就是魅力教育的"不为成绩而赢得成绩"。魅力教育不止是理论概念，更是教育实践。2018 年寒假，马老师开设了"马老师聊语文"公众号，她定期更新公众号，让自己在不断完善中进取，不仅影响了学生，也影响了同行。几年来，她坚持更新文章，从教育主张、名著阅读、写作指导、考试精思、生活随笔等五个方面集结成册，形成了魅力教育思想影响下的著作《语之魅，文之力》。

李银乐，生物特级教师，北京实验学校初中学部副主任，海淀区紫竹院学区"李银乐名师工作室"主持人。李老师曾是山东省十大教育新闻人物、山东省教育科研先进个人。2013 年，李老师通过人才引进来到北京实验学校，加入曾校长倡导实践的魅力教育团队。他称，邂逅魅力教育，提升了自己四个方面的能力：第一，面对全体教师进行专题工作汇报或交流，给毕业班学生开班会，给来访教师上展示课，与来访教师和校长进行深度交流或者到分校指导交流，到联盟校送教，等等，都需要很好的语言表达能力，促进了他对教育的深层次思考、理解。第二，学部会议制度、学部工作的周程管理、学部听评课制度、学部学生会、学部社团、招生工作等一系列工作制度的建立与形成，让初中学部各项工作实现了有序、高效运转，提升了自己的管理能力。第三，在曾校长的激励教育理念影响下，引导教师从抱怨走向欣赏学生，从约束走向鼓励学生，从管理走向教育，提升了自己的教育认识。第四，初到北京实验学校，魅力课堂研究正在如火如荼地进行中，由于担任了魅力课堂战略研制和推进小组的组长，提升了课堂研究的能力。为此，李老师写了多篇研究魅力教育的文章和著作进行总结，如《魅力课堂焕发生命灵性》《魅力课堂》等。

　　孟强，语文特级教师。2014 年 6 月来到北京实验学校，两年后成长为北京实验教育集团附属小学执行校长。孟老师称，曾军良校长致力于"崇高而伟大的事业"的魅力教育情怀，以及追求"自然成长、自己成长、自由成长、自觉成长"的魅力教育"四自箴言"，潜移默化、润物无声地影响了自己在学校教学、德育、管理等方方面面的思考，进而形成了自己"1+X=1"的魅力教育特色：第一，魅力教学：举于"点"，合于"串"，归于"用"，希望帮助小学生在学习中产生"叠加效应""抱团效应""拳头效应""裂变效应"，达到事半功倍的良好效果。第二，魅力德育：举于"日常"，合于"扬长"，归于"全面"，希望在德育管理方面引导教师在德育工作中培养全面发展的新时代学生，并结合北京实验教育集团附属小学的德育特色，提出了"桃宝"评价。"桃宝"评价的内涵可以用"1+X=1"进行解读：左"1"指的是学生日常学习、行为礼仪等常规评价，"X"是指向学生个性、自主、多元发展的扬长评价。第三，魅力管理：举于"常规"，合于"特色"，归于"品牌"，管理的"1+X=1"，左边的"1"指的是"德育为首、教学中心、后勤保障"的常规管理，"X"指的是在学校管理过程中，积淀、凝练、升华的办学特色。常规固本，特色强校，协同发力，办"学生向往、教师幸福、社会满意"的魅力教育普适品牌学校，这就是等式右边的"1"。常规管理的"1"，自不赘言。"X"的办学特色，包括学校管理、课程建设、平台机制、教师评价等各个层面。

　　王亮雪，语文特级教师，她在担任小学部教学副校长四年的时间里，始终坚持发扬北京实验学校"勇于担当　善于超越"的精神，带领教师们开拓进取，不断创新，全心全意服务师生成长，她在成就教师与学生的同时，也成就了自己：第一，魅力教育倡导教师要读书，她便引导小学师生进行魅力阅读。自 2016 年，她带领各科教师为全校同学制定各科阅读书目，推行魅力阅读机制，实施全科阅读。这要求学生们每天读书半小时，书目不限，时间不限，方式不限；每周进行班级阅读分享，让阅读向深层延展；每月进行年级阅读展示，让阅读向高阶攀升；每学期举办一个书香假期，让阅读向社会漫延；每年举办"书香四月"，让书香根植灵魂。第二，她积极传播中华优秀传统文化，包括探究汉字文化，从习字中学做中国人等。几年来，她在全校发起了"聆听华夏之声·书写汉字之美"的汉字听写考级活动、经典诗文诵读活动，举办了"赏中华诗文·润魅力童年"诗词大会等活动。第三，成为教师专业成长的推手，包括引导教师专业阅读，引导教师专业研究，引导教师专业写作，倡导教师多多思考、研究、总结。

史艳枫，在北京实验学校成长为幼儿园副园长。她称魅力教育成就了自己：第一，提升了自己以"服务"为基本的工作能力，即以幼儿和教师为主体，树立"管理就是服务"的思想，深入实际的教育过程中和教师共同学习研究，从中发现自己管理中的问题并及时改进。第二，提升了自己以"求实"为目标的保教工作，即在日常保教工作中注重排查问题，及时指导，抓好培训，齐思共研。在日常工作中，她首先以师徒结对子的形式促进青年教师成长，通过一日活动的不同环节有针对性地对青年教师观察与指导，促进他们的成长。其次是给青年教师锻炼的机会，例如在组织各项活动时让年轻教师担任负责人，使他们的热情得以更好地传递给幼儿。另外，她还针对教师们在日常教育教学主题中普遍存在的热点问题与困惑，通过案例剖析、理念解读和交流研讨等方式开展日常培训活动。

赵莲君，在北京实验学校成长为保教处主任。她认为魅力教育这一理念给了她很大启示，她将其中的精髓运用到自己所从事的学前教育阶段，尊重幼儿的自然天性、掌握幼儿的学习特点和学习规律、最大限度地支持和满足幼儿的需求，让天真的孩子们在游戏和日常中得到提升与发展。作为幼儿教师，她怀着一颗虔诚的教育初心，勤勤恳恳、踏踏实实，坚持"保教合一"的教育理念，坚守"师者以德为先"的价值追求，把青春和爱献给了班上的每一名幼儿。作为幼儿园管理者，她借鉴了校长"魅力管理"的四种基本模式：一是服务模式，管理即服务，服务即为民，听取园所教师的心声，为她们顺利开展好班级工作，提供基础保障。二是培养模式，管理即教育，教育即培养，组织好平谷园所教师们的每一次业务学习，让她们学有所成、学以致用。三是决策模式，管理即决策，决策即选择，与园长积极交换意见，为平谷园所的建设和发展出谋划策。四是协调模式，管理即组织，组织即协调，配合平谷校区组织和协调幼儿园做好各项日常工作。

刘少伟老师认为，学校的魅力教育理念给予自己成长的空间，让自己懂得了如何用个人魅力去走近学生，影响学生，从而成为让学生喜欢的老师之一。在一次分享会上，刘老师分享了自己一个与学生之间的故事。2014年秋天的一节美术课上，她注意到墙角处一个孤独的小姑娘，看起来有一点儿自我封闭。于是在第二次课上，她每一次与小姑娘目光交汇时都向她面露微笑。在第三次课上，她在巡讲的过程中不断向小姑娘靠近……在学校组织的主题为"和谐的家"的作品创作时，小姑娘的作品除了家具摆设，只有刘老师和奶奶，小姑娘的眼睛里开始闪烁着明亮……后来，刘老师作了一幅画送给了这个小姑娘，这个小姑娘的内心逐渐融化。中考后，这个小姑娘给刘老师发了下面一段文字："不知不觉，喜欢了您三年啦……高中我要回河北上学了，以后见面的次数会很少，您也会教更多的学生，但希望一定要记住我呀！记住有一个这么喜欢您的学生，视您为所有的学生。有时间回北京我一定会去看您的！勿忘我！勿忘我！勿忘我！"

李怡老师一直在思考如何将课堂打造成魅力课堂。在魅力教育理念的指导下，她作出了如下调整，取得了令人惊喜的收获。第一，精心创设情境，用适当的方法和策略激发学生的学习兴趣和求知欲，这有助于消除学生不愿深入探究的畏难情绪，使学生对课堂充满兴趣。第二，让课堂满溢文化与艺术的魅力信息技术课程是一门实践性强的课程，课堂上她会提供既凸显技术魅力又具有文化底蕴或艺术感染力的作品给学生欣赏，这样既让学生了解了技术的应用范围，又给学生以美的感受，用艺术的感染力激发出学生的学习兴趣。第三，在课堂上，她认为应该让学生亲身体会技术的魅力，并为技术的魅力所折服和吸引，从而产生自主学习、自发探究的动力。例如讲解网联网时，利用视频展示 Amazon 无人超市的购物环节，然后引导学生思考无人超市实现的机制。第四，将每一次课堂任务转化为一次学生创作的过程，积极引导学生把各学科的各类知识点用信息化手段实现，鼓励学生创作表达自己创意的作品，培养学生的创新精神，用创新使课堂绽放恒久的魅力。这些魅力举措使李老师成为最受学生欢迎的老师之一。

邹雅婧老师主动学习曾校长魅力教育的相关思想，她意识到，应该引导幼儿从最简单的生活习惯着手，培养幼儿在生活中的自理能力，当幼儿具备基本的生活能力后，再锻炼其他学习能力，才能使他们逐步习得并承担一些更有难度的挑战和任务。一次户外游戏中，她注意到孩子们拿的轮胎里或多或少都有积水，一个小朋友想让老师帮忙把轮胎里的水倒掉，邹老师用传统的方法将轮胎滚来滚去，试图将里面的水给倒出来，但是试了几次都没成功。这时另一个小朋友大智跑过来，他将轮胎扶正后，突然飞快地往前推了推，然后使劲将轮胎推倒在地，轮胎里的水基本没有了。邹老师称，她终于明白曾校长魅力教育提倡孩子"自然成长"和"自己成长"的奥秘所在：不能时时"抓着"他们的手不放，不能事事总是采取"包办、代办"的方式去解决，有时候放手也许对孩子的身心发展更为有益。

北京实验学校的青年教师们在魅力思想的引领下，正成长为学校的中坚力量。无论是教书育人还是科研创新，无论是教学一线还是行政后勤，各个工作岗位上的广大青年都在魅力教育提供的广阔平台上积极学习。青年教师将魅力思想融入课堂中，参加市区级课堂比赛、论文比赛等，逐渐崭露头角；青年班主任带着魅力思想教育学生、与家长交流，获得了作为教师的职业幸福，推动了青年教师职业的长久发展；学校魅力教育思想重视对青年教师的培养，主张"压担子"，有的青年教师已经成长为学校干部。在魅力教育的影响下，很多青年教师由二级教师成长为一级教师，很多骨干教师由一级教师成长为高级教师，还有很多教师正走在成为特级教师的路上。

专业发展贯穿教师的职业生涯，是一个由不成熟到相对成熟并终生提高的过程。魅力教育为引领教师专业成长与发展竭尽全力，教师在魅力教育的引领下不断成长与提升，努力形成和谐、发展、创新的教师团队。

# 第七章

## 魅力教师与授人十 "yu"

在信息时代做好老师，自己所知道的必须大大超过要教给学生的范围，不仅要有胜任教学的专业知识，还要有广博的通用知识和宽阔的胸怀视野。好老师还应该是智慧型的老师，具备学习、处世、生活、育人的智慧，既授人以鱼，又授人以渔，能够在各个方面给学生以帮助和指导。

——习近平总书记同北京师范大学师生代表座谈时的讲话

我们在师范院校上学的时候，教我们教材教法的老师常说："授人以鱼不如授人以渔"，也就是说给学生没有水的鱼，不如给学生有水的鱼。在互联网＋的时代，对于从小就生活在数字世界的原住民——我们的学生来说，传统的教学模式和方法已经不能满足他们的需要，所以有人说"给学生一碗水，我们需要自己是长流水"。的确如此，我也常常思考：教师的工作具体是做什么的呢？可能大多数老师，每天做得最多的是"用教材教书"。但是，教材上的知识是先人经过实践检验写在书本上的，也就是我们常常说的间接经验。所以我们不得不反思这样一个问题：今天的老师，怎样用昨天的知识教会我们的学生去应对明天？因此，我以为我们教师既要给学生没有水的鱼，也要给学生有水的鱼，甚至可以给学生更多的鱼，可以说需要授人十"yu"。

# 第一"yu"：授人以"鱼"

没有水的鱼是一定要给的，为什么？因为老师首先是在教书——教给学生知识，所以我们作为老师来说，应该给学生渊博的知识。那么怎样才能给学生渊博的知识呢？有很多种方法，在此选取其中的两种与大家分享。

第一种方法是上海特级教师于漪的三次备课法。在纪念中国改革开放40周年时，全国一共评出了100位改革开放的先进人物，我们基础教育界唯一被评上先进人物的就是特级教师于漪，她是上海的一个语文教师，现在已经90多岁了。她说："我是怎样变成这样的特级教师的呢？我备三次课。"所以我们希望我们的老师也能备三次课。这三次课怎么备呢？于漪老师说："第一次备课，我把所有的资料都拿过来。"的确，现在我们上网去找资料查资料，能看到很多优秀教师的教案和课例，我们把所有的资料找来，放在一起认真学习、比较、解读，选取最好的部分，这是第一次备课。"第一次备完课之后我再第二次备课，我第二次备课怎么备呢？因为所有先进老师的这些案例，不经过自己的思考，不经过自己的消化还不行，而且自己的学生是有特殊情况的，我们需要因材施教，所以要根据自己的理解和自己学生的情况，进行第二次备课。"那么第三次备课是什么时候呢？她说："上完一节课之后，我不是写教课的手记，也不是写教课的后记，我这个时候第三次备课，是把课背一次。"第三次备课，她用的不是准备的"备"，而是背诵的"背"，把这一节课再背诵一次。可能我们的老师不能每一节课都这样做，但是我们是否可以一个月一次或者两周一次来这样做呢？如果我们的老师都这样做的话，我相信大家的专业水平不提升都很难。

第二种方法是希望大家上课录像。我记得30多年前，我们还需要请学校信息中心的老师来录像，而今天录像已经变得特别方便了。因为手机录像功能的普遍使用，我们可以随时录下自己的上课情况，并在课后进行回放。因此，特别建议我们年轻的老师，上课的时候随时用手机记录，上完课之后我们就可以从手机里面观察、分析上课的情况了。有些年轻老师问我对着镜子讲课行不行，我以为对着镜子观察自己上课的优缺点很好，但是上录像课可能更好，为什么呢？因为对着镜子讲课，虽然可以看到自己的上课情况，但此时我们看到的是自己眼中的自己。如果通过录像的方式观察，我们看到的虽然还是自己，但这个时候看到的自己不再是自己眼中的自己，而是别人眼中的自己，是在用第三只眼观察我们的上课情况。可能有人会问：我们看到自己眼中的自己和别人眼中的自己有什么区别呢？当我们看到自己眼中的自己时，其实此时我们常常已经先入为主，对自己的一些做法及动作已经有了结论性的想法。我们此时的想法往往深受我们过去的思维定势的影响，是有定论、有导向性的，因此很难发现自己的一些小的不为人注意的瑕疵和缺点。但是，我们在别人眼中的自己是很客观的，此时我们如果能够看到自己，我们往往可以发现自己很小的问题。可见，我们看到的自己眼中的自己常常是带有主观性的，而别人眼中的自己却是非常客观的，这样可以让自己的专业水平提升更快。我年轻的时候有一节公开课，我准备了很长时间，至少对着镜子讲了 20 次，我以为我可以倒背如流没有瑕疵了，因此我充满信心走上了讲台。上完课后，我满心欢喜想听我的师父夸奖夸奖我，但是我的师父只是说："你今天下午到信息中心看看你上课的录像，看完我们再交流，好吗？"下午，当我看到自己的录像时，我简直无地自容，恨不得找个地缝钻进去：我以为我语言流利，口吐莲花，其实我上课时面无表情，就像在背书；我以为我与同学们交流时和蔼可亲，其实看上去我急不可耐，常常打断同学们的发言，而且让人感觉目中无人；还有太多我以为做得很好会大放异彩的环节，都显得苍白无力……从此以后，上课前我必定把自己的课录下来，反反复复斟酌、研究、推敲，由此我上的课越来越得到同学们的喜爱与认可，也获得了越来越多的比赛大奖，后来我被评为全国模范教师。

# 第二"yu"：授人以"渔"

　　我从大学毕业到今天，已经工作了 30 多年，这些年一直双肩挑，既讲授高中数学，又负责多种其他管理工作。我还曾经在担任学校的校长兼党委书记的同时，任教高三毕业班的数学课，既在管理岗位上做出了不俗成绩，获得了许多奖项，又取得了比较好的教学成绩。很多老师觉得奇怪，我是怎么做到教学管理两不误的呢？其实，我们一直在做一项教育改革的教学实验，这个实验的进行让学生们的能力越来越强，学习成绩也越来越好，几乎每个学生都可以在原来的基础上获得最大的进步和最好的成长。

　　我听过这样一个故事：一位中年丈夫去咨询心理医生，希望得到他的帮助。这位丈夫对医生说："我们夫妻已经在一起 20 年，我们之间几乎没有感情，我摸着她的手，就像左手摸右手，我们该怎么办，难道我们只能走向离婚吗？我们夫妻的感情还能够挽救吗？"这位医生了解了他们的基本情况后肯定地告诉这位丈夫："可以的。"这位丈夫急切地问道："我该怎么做呢？"医生答："去爱她。"丈夫说："我已经不爱她了。"医生再次肯定地说："去爱她。"丈夫再说："我真的已经不爱她了。"医生第三次肯定地说："去爱她。"然后告诉这位丈夫，"爱"是一个动词，需要做出来，需要去用心感受……我想，夫妻之间以为没有了感情，这位医生却再三让他们去"爱"，我们学生的学习何尝不是如此。我还想起这样一个故事：一天，犯了错误的小汤姆被波莉姨妈惩罚刷墙。小伙伴们幸灾乐祸，围在旁边观看，汤姆很沮丧。过了一会儿，汤姆突然想出了一个摆脱窘境的好办法。他一边刷墙，一边作出快乐的样子。小伙伴们开始好奇，刷墙有什么高兴的？汤姆却说他找不到什么理由不高兴，并不是每个小孩都有机会天天刷墙。说完，汤姆继续高兴地刷着墙。过了一会儿，围观汤姆的小伙伴们见汤姆的快乐似乎是发自内心的，终于忍不住了，他们纷纷向汤姆提出要体验一下。但是汤姆没有立刻答应，而是提出一些苛刻的条件：这些小伙伴得把自己心爱的玩具让给汤姆玩，汤姆才能把刷墙的机会让给他们。充满戏剧性的一幕出现了：汤姆的小伙伴们轮番抢着为汤姆刷墙，而汤姆却拿着玩具玩得不亦乐乎！塞利格曼在《真实的快乐》一书中指出，快乐是由三个要素构成的，即享乐（兴高采烈的笑脸）、参与（对家庭、工作、爱情与嗜好的投入程度）、意义（发挥个人长处，达到比我们个人更大的目标）。三个要素之中，享乐带来的快乐最为短暂。塞利格曼说："这一点值得大家注意，因为有太多人以追求享乐为生活的目的，但是参与和意义却远比享乐重要。"科学研究证明，人的心理能力是非常巨大的，而且互相没多大差异，德国心理学家克里格和巴特斯也认为，每个人都蕴藏着超凡的心理潜力。因此，我们确定了实验的第一步：每次新接任一个班级时，每一位同学都将担任一天数学学习研究员（为了培养学生们周密而细致的科学精神，我们将每天负责数学课学习的数学班长称呼为数学学习研究员）。我们为学生们准备了一块小黑板，每天早晨上课前，担任数学学习研究员的同学会在黑板上写一段话，这段话可以是书本上或者网络上的学习数学的好方法，还可以是自己总结的好的学习方法和其他同学的好的学习方法，也可以是数学格言、数学家的小故事，甚至是自己写的激励同学们学习数学的语言。放学时数学研究员会将当天数学课的情况根据自己的感觉和观察进行总结，指出同学们需要注意的方面和值得发扬的优点，并且写在《我爱数学》的值日本上。以上两项是数学研究员的必选工作，还有一项自选工作是可以在班级的学习园地内写一道自己发现的好题目或者自己编写的题目，让同学们解答，数学研究员将根据同学们的作答情况对同学们进行赋分，如果没有同学解答出来，数学研究员会将解答过程写在黑板上。老师每天将根据数学研究员的表现对他进行激励，并且把激励的话写在《我爱数学》的值日本上。《我爱数学》的值日本就挂在教室里，学生们随时可以翻看。经过一段时间的培养，同学们常常下课后围在一起翻看、传阅《我爱数学》的值日本。

大家互相学习，共同提高，每一个学生都变得越来越热爱数学。

学习金字塔是美国缅因州的国家训练实验室的研究成果，它用数字形式形象显示了采用不同的学习方式，学习者在两周以后还能记住内容（平均学习保持率）的多少。这是一种现代学习方式的理论，由美国学者、著名的学习专家埃德加·戴尔 1946 年首先发现并提出。第一种学习方式是"听讲"，也就是老师在上面说，学生在下面听，这是我们最熟悉最常用的方式，学习效果却是最差的，两周以后学习的内容只能留下 5%。第二种是通过"阅读"的方式学习，两周后学习的内容可以保留 10%。第三种是用"声音、图片"的方式学习，两周后学习的内容可以保留 20%。第四种是"示范"，采用这种学习方式两周后学习的内容可以保留 30%。第五种是"小组讨论"，两周后学习的内容可以保留 50%。第六种是"做中学"或"实际演练"，两周后学习的内容可以保留 75%。最后一种是金字塔基座位置的学习方式，是"教别人"或者"马上应用"，两周后可以保留 90% 的学习内容。埃德加·戴尔提出，学习效果在 30% 以下的几种传统方式，是个人学习或被动学习；而学习效果在 50% 以上的，是团队学习、主动学习和参与式学习。我们需要根据学生的情况分别进行探讨、反思，尽最大限度调动同学们的学习积极性。

实验第二步，将同学们分成小组，小组有三种形式：第一种是两人小组，"互相帮助，一对红"；第二种是四人小组，"三人行，必有我师"；第三种是六人小组，"大家好才是真的好"。这三种形式并存，一般情况下，两人小组的座位在一起，前后四名同学形成四人小组，六人小组可以根据实际情况排在一起，也可以适当分开，以方便课后在一起活动为宜。

首先，我们开始在习题讲评和试卷讲评课上培养同学们的学习能力。习题讲评或者试卷讲评课需要注意：用好数据、合作解决、重点讲解、重点检查。这需要我们认真统计同学们做题的情况，一般情况下我们将错误率分为三种情况：错误率 ≤ 15%，15% <错误率≤ 40%、错误率＞ 40%。对错误率

≤15% 的题目，老师在课堂上不讲解，这些犯错的同学需要主动找老师说明此题的正确思路或者解法。根据调研，做错这些题目的同学主要分为两种，第一种是本来自己会做，但是因为粗心或者做题时刚好和同学闹别扭、和家长闹矛盾心情不好等导致没有做对，重新拿到试卷时已经知道自己的错误，再主动去和老师沟通，既可以重视自己的其他小问题又可以锻炼自己的语言表达能力，还节约了上课时间；另外一种同学常常是班级里极少数的学困生，这些学生出于多种原因变得失去自信，从而进入一种恶性循环，成绩越来越差，以至于成为大家眼中的差生，他们如果单独到老师那里讲解自己的错误原因和正确解法也会变得格外认真，如果讲对了，老师还可以借机大大地表扬他们一番，从而达到激励这些学生的目的。我曾经遇到这样一个学生，他第一次惴惴不安地在我面前讲完一道题的解法后，我对他竖起了大拇指，为他点赞时他却突然激动得哭了起来。他抽泣着告诉我，他平时大多是年级最后一名，长这么大，还从来没有老师表扬过他。没想到平时在大家眼里最难学好的数学题他能够讲明白，而且得到了老师的赞扬，感到受宠若惊。从此以后，他一看到我，脸上就挂起了微笑，还经常到办公室来问数学题，性格也变得开朗起来。如果这些同学到老师那里仍然不能讲清这些题目，老师正好可以根据每个学生的情况进行有的放矢的辅导，让这些学生真正学明白。毕业时，常常有同学悄悄告诉我："老师，正是因为您让我找您单独聊，对我一次又一次进行耐心细致的点拨，让我感觉到我这个学渣也可以逆袭，可以像其他同学一样得到老师的赞扬，所以，我爱上了解题，我爱上了数学，我也爱上了我自己，并证明了我自己。今天我毕业了，我终于可以向您说一声'谢谢您'。"对 15%＜错误率≤40% 的题目，我们也不需要在课堂上讲解，因为如果错误率只有 40%，那么班级内有 60% 的同学是做对了的，这部分同学在老师上课讲解这些题目时，往往不会仔细听讲，因此这些时间对于这些学生来说是浪费了，而那些做错了的同学可能因为是集体性的讲解也不会认真听讲，这样一来，效果就更差了。怎样既让那些做错的同学能够听到正确解法和思考方法，又不让那些做对的同学浪费这些上课的时间呢？学习金字塔告诉我们可以进行"小组讨论"，这样能记住 50% 的内容。通过"做中学"或"实际演练"，可以达到 75%。"教别人"或者"马上应用"，则可以记住 90% 的学习内容。因此，对于错误率 < 40% 的题目，我们让同学们在两人小组展开讨论，对的同学讲，错的同学听。如果一个小组中两位同学都错了，或者对的同学觉得自己其实是不求甚解而做对的，这两位同学马上转身向后，和后面的两位同学形成四人小组，由一位同学讲，其他三位同学听，然后大家再进行讨论。因为错误率小于 40%，所以四人小组一般情况下可以找到一位讲解得比较清楚的同学，万一出现问题，六人小组也一定可以解决。老师只需要在教室里进行巡视，处理特殊情况即可。做对的同学其实有一部分并没有完全明白题目的深刻内涵，只是知其然不知其所以然，但是通过讲给别人听和参加讨论，做到了既知其然又知其所以然，同时还可以记住 90% 甚至更多的学习内容。听的同学，因为和讲的同学距离非常近，可以感同身受，耳濡目染，所以说"伙伴教育是最好的教育"。这样一来，无论是正确的同学还是错误的同学都找到了用武之地，都有了特别大的收获，能力得到了提升，学科素养也逐渐养成。对错误率大于 40% 的题目，老师则必须反复思考，精心设计教学流程，重点讲解解题思路，在课堂上说明白"怎样想""为什么这样想"……由解题向解决问题转变，同学们则可以欣赏教师独特的技巧与思维。

实验第三步：培养数学小讲师。在前两步进行了一段时间，同学们的语言组织能力、交往能力、对数学的理解能力等都有了比较大的进步后，我们会从同学们中培养一批小讲师。首先，让同学们自由报名，老师从每个班级选六位同学，三人一组，由一位担任小讲师，其余为小助教，开展上课活动。老师可以利用数学课外活动时间对这些学生进行综合训练，锻炼他们的逻辑条理和语言表达能力，并能够更加自信地面向全班同学讲解自己的观点，使他们能够沉稳应对突发状况，然后请这些小讲师为同学们上习题课、做数学讲座、开展学生论坛等，小助教见习。同时老师在教室后面听课，课后再征求所有同学意见帮助小讲师备课。

平时上课时，我们会对同学们进行有针对性的培养，尽量多给学生们提供讲的机会，凡是学生们能够通过小组交流解决的内容老师坚决不讲，所以经过一段时间的培训，有些学生就能够走上讲台侃侃而谈了。学生上完课之后我们还会让他们自己布置作业，自己批改作业，而且我们还让学生自己出题。常常有同学问："自己出题有什么好处？"我开玩笑说："要想学习好，那就要像老师教书那样的去学。"为什么呢？学生参加考试的题目是谁出的呢？是老师出的。老师出题的目的是什么呢？是为了了解同学们掌握知识的程度，以及能力和核心素养的水平。为了达到这些目的，老师会思考，怎样在题目中去设计一些陷阱，挖一些学生容易掉下去的坑。如果我们自己能够出题，那么老师设计的陷阱学生一定会了然于心。"欲穷千里目，更上一层楼"，只有站得更高，才能看得更远，学生才会由解题向解决问题转变。

金字塔基座位置的学习方式，是"教别人"或者"马上应用"，可以记住90%的学习内容。通过培养数学小讲师的活动，我们的学生理解了学习的最高境界。当这些小讲师能够从台下走到台上，从讲一分钟到十分钟再到一节课，他们的思维、能力等发生了质的飞跃，潜力得到了极大的挖掘。我们发现许多原来并不是特别热爱学习，也不是特别刻苦的学生，自从当上小讲师后，就变得越来越刻苦、越来越热爱学习。有一位小颜同学，没有人逼他学习，但他勤奋到让他的妈妈都感到心疼：早上五点多起床去篮球队训练，然后上课，课后去图书馆查资料、跟同学讨论、去实验室，或者跟老师请教，其中还要安排好排球队的训练和比赛，自己还主动报了一个拉丁语课。他几乎每天忙到很晚，但是他却乐在其中，每天斗志昂扬。这就是典型的从"让我学"到"我要学"的转变。

随着小讲师上课时间的增加，他们的思考越来越深入，越来越知道要去发现问题的本质。正如我们平常说的，学习需要知其然还要知其所以然，我们如果只是做出这个题目、知道这个题目的答案，可能只是知其然。如果我们能讲出来为什么，向别人表达我们的意图，把它真正做明白，那才叫知其所以然。当一个学生走上讲台，把这个问题向全班同学讲清楚，而且大家都能够听得懂的时候，我们就到达了——何以知其所以然的境界。而当学生明白了何以知其所以然的时候，他的思维能力将得到极大的提升。

## 第三 "yu"：授人以 "欲"

我们要授人以 "欲"，需要激发学生上进的欲望。激励教育是一种有力量的教育，我们的老师和学生们待在一起的时间最多的就是课堂，因此课堂是我们的主阵地，而课堂的主角就是学生。在课堂上，我们需要激发学生学习的欲望，真正变 "要我学" 为 "我要学"。在互联网＋的时代，我们的学生是数字时代的原住民，他们来到这个世界接触到的就是数字化的世界。因此，如果我们课堂教学的最高目标还停留在让学生 "会学" 上，可能根本不能适应现代社会自主学习、终身学习的教育发展趋势，所以需要我们将逼迫课堂教学目标向如何激发学生学习内驱力、享受学习过程的方向转变，"我想学" "享受学习" 将成为课堂教学的上位目标。

课堂上怎样激励学生呢？课堂上应该有掌声，而且这掌声是老师或同学发自内心对小讲师深刻而又精彩的见解的感谢。课堂上要有笑声，生动而精彩的课堂才会让学生们产生兴趣。我们曾经做过学习调研，试图了解学生们最喜欢什么样的老师，学生们的回答通常是 "最喜欢有幽默感的老师"。幽默需要智慧和爱，我们要用智慧和爱让学生在开心快乐的课堂环境中找到学习的乐趣，激发学生的学习兴趣。许多老师想让学生们在课堂上多学一些知识，希望从第一节课到最后一节课，大家的注意力都高度集中。这个出发点是好的，但是学生毕竟都是未成年人，我们不能用成人的标准去要求他们。我们也在学生中做过调研，他们的回答基本都是"这很难做到""不可能做到"。其实，学生在听课时出现走神是一种自然现象，就和我们工作了一天到晚上需要睡觉一样。所以我们不妨上课到一定程度就有意识地开一个玩笑，吸引同学们的注意。复旦大学有一次组织学生无记名投票，选出最喜欢上课的教授，结果得票最多的是陆谷孙教授。陆谷孙教授是复旦大学外国语言文学学院教授、博士生导师，上海翻译家协会理事，中国作家协会上海分会会员，主编了《英汉大词典》，被授予"复旦大学杰出教授"称号。大家问陆教授："为什么您的课总是能够受到大学生们的欢迎呢？"陆教授想了想说了这样一句话："我每一节课至少让同学们大笑三次。"原来，陆教授的课虽然引经据典、专业功底深厚，但是大学生们对陆教授的幽默感却更是非常喜欢，所以他才会这么受学生欢迎。作为和学生们天天在一起、从事基础教育的老师，我们不得不反思这样一个问题：连大学生都如此喜欢幽默的老师，那我们的中小学生甚至幼儿园的孩子何尝不是如此呢？

同时，正如没有两片相同的树叶，我们的学生也是千差万别的。所以，我们从事基础教育的工作者，都要思考一个问题：我们怎样在课堂上去激励每一个学生呢？我曾经教过这样一个学生，班级里所有的学生都不愿意和他坐在一起。我去询问原因，同学们都说，上课的时候这个学生总是打扰前后左右的同学，让旁边的同学都没有办法听课。于是我坐在教室后面，仔细观察了这个学生的上课情况，发现他其实挺聪明的。刚开始上课的时候，他往往会比较认真，但是当他自认为听懂了之后，就开始找前后左右的同学说话。如果大家不理他，他就会开小差做小动作。针对这种情况，我们仔细研究了对策。我告诉他，如果他在课堂上发现了老师讲课中的问题，而且能够说明错误的原因，那么他今天的该科作业就可以自行选择。从此以后他变得非常认真，常常睁大眼睛竖起耳朵找老师上课的错误。为了吸引这个学生听课，我们也会有意识地在课程快结束的时候出现一两个错误，帮助这个学生不断提升思维能力。后来几乎所有的科目他都能发现老师故意留出的问题，这样一来，他需要做的作业越来越少，经常晚自习课的时候无所事事地满教室转悠。于是，我们就请这个学生来给老师当助教，如果有学生来问问题，就请他进行解答，如果他回答正确，老师将给予奖励。这个学生在回答别的同学的问题时，发现看上去很容易的事情往往做起来并不那么容易，有些题目明明自己会做，但是给其他的同学就是讲不明白，由此他发现了自己对知识不求甚解的缺点，而在帮助同学的过程中，他自己的能力也得到了很大的提高，最终考上了心仪的大学，现在在一个非常有名的公司做研发经理。后来，这个学生在写给我的信中说："我在中学读书的时候，大家都不愿意和我坐在一起，总觉得我打扰了大家的学习，我觉得非常孤独。感谢老师发现了我的特点，而且针对我的特点故意上课留出小错误，提高了我的思维能力。更可贵的是老师还让我做同学们的小老师，我常常回家以后还在想怎样把问题给其他同学讲明白，后来我明白，只有站得高才能望得远，因此我主动翻开了我过去不爱看的书，我也找了很多课外书籍，我变得越来越爱看书，这些书也让我成为了自己的人生冠军。谢谢老师，谢谢您！是您发现了我的特殊之处，并且为我量身定制了教育方法，让我能成为更好的自己。谢谢您对我的特别的爱，给我的特别的激励。"

给学生最好的教育，要用不同的办法，他需要什么，你就给他什么。我们要做的就是：第一，要读懂学生，明白他的需要；第二，在他需要养分的时候给予他养分和能量，让他做最好的自己。如果有一块藏在石头中的钻石，那么我们就要努力让这块钻石熠熠生光。如果只是一块普通的石头，但是我们却硬要将它打磨成钻石一样的多面体，可能只会毁了它。而如果我们将其切割成一个简单的长方体做成台阶，那么它同样可以过好属于自己的一生。

人也一样，用不同的智慧和办法对待不同的学生，可以帮助其成为自己的人生冠军。

## 第四"yu"：授人以"雨"

教育的最高境界是不声不响、不知不觉、天衣无缝、了无痕迹，即自然而然的教育。人们常说身体和心灵总有一个要在路上，要么读书，要么旅行，因此，师生一起参加的游学是我们课外活动的最佳选择。在我们进行游学活动、军训或者其他社会实践活动的时候，我们的老师和同学们吃、住、玩在一起，可以关注同学们的一言一行，同学们也可以从与老师的交往中学到很多知识和道理，以及很多做人的方法。老师们处处以身作则、严格要求自己，凡是要求学生做到的，自己首先要做到，例如每天提前十分钟到集合地点、带动学生静心学习等。

老师精心准备游学知识点，开展启发式教学交流。每参观一个景点前，老师都预先了解相关知识，按照提前制订的研学教学计划和学习重点，给学生布置研学任务，参观后及时组织学生在路途中、宾馆里开展座谈交流，引领学生思考总结，老师也积极投入各班的讨论当中，把握方向、答疑解惑，确保游学取得实效。

举办主题班会，结合参观韶山、延安等红色教育基地，开展党史、国史和中国革命教育。教师们通过讲故事、讲典型人物、讲国际国内形势背景等方式，启发学生增强爱党意识，让学生把中国革命的艰辛历程和共产党人不屈不挠的奋斗精神放在历史的大背景中去体会，鼓励学生进行探究式学习思考；结合参观熊希龄故居，开展北京实验学校校史教育，增强学生的自豪感和荣誉感，组织学生开展"今天我为北实而骄傲，明天北实为我而骄傲"主题讨论，激发学生学习的主动性和使命感；结合考察博物馆、农村农业和祖国的大好河山的研学实践，通过开展专题讨论，教师主动讲解我国灿烂的文化、精准扶贫、生态文明建设和新农村建设等，组织学生撰写心得体会，增强学生理论自信、道路自信、制度自信和文化自信，激发学生的民族自豪感和投身建设社会主义强国的信心与自觉。

细节决定成败，相比急躁的学生来说，老师们更沉稳、温和，遇事以"解决事情"为主要目的，不任不良情绪宣泄，能给学生们留下深刻印象。同时，游学期间，老师们时刻与周围的工作人员、其他班级的教师和学生保持良好的合作关系，不但管理好自己班级学生的事情，而且还特别热心地帮助其他教师、其他班级学生。同学们眼见自己的带队教师如此积极阳光、正能量，怎能不受这样情绪的感染而深受教育呢？如此，学生们在集体中更能互相关心，互相学习，互相勉励，共同成长。青春的人生，充满了懵懂和莽撞，老师们以足够的耐心以及自身良好的德行引领着学生们的成长，这将成为学生们一辈子的财富。

我们每年进行的品秋节中，所有的老师和同学以及家长都将共同进行一项创新的大型活动。我们曾经做了一个"人体多米诺"游戏，所有的同学、家长和老师齐心协力，心往一处想、劲儿往一处使，努力拼搏、互相鼓励、互相促进，最终一起闯关成功，给大家留下了非常深刻的印象。在这次大型活动中，老师和家长齐心协力，遇到困难不退缩，虽经过多次失败，仍然不放弃、不抛弃，让同学们明白了一个道理，任何事情都不可能一蹴而就，任何事情都需要努力拼搏与奋斗。一个学生在事后的日记中写道："我曾经以为老师和家长不需要读书，他们的工作和生活都非常舒适，只有我们做学生的是最苦的，但是今天下午的游戏和实践活动让我看到，做任何事情都不是容易的，拼搏和努力是我一生的财富，我将终生铭记今天下午的经历。"

我们每年召开的学生代表会能为所有的学生提供一个展示与管理自我的平台，每次学生代表会召开前，我们会进行广泛的调研，让每个学生提出合理的发展建议，并且对提出的问题进行深度了解和调研，寻找解决的办法。每一次会议召开的过程中，都有大家辛苦忙碌的身影，同学们站在宏观的角度思考问题，从"人人为我"到"我为人人"，格局从小我到大我、从个人到学校、从学校到国家，他们调研、思考、交流，和老师、校长共同寻找发展大计。工作后的肖同学说："我看到了北京实验学校的校园中，有很多令人为之动容的瞬间，有很多令人感触良多的事件，我在北京实验学校学习，在北京实验学校受教，更在北京实验学校成长和收获。在未来的学习和生活中，我将在北京实验学校历练，在北京实验学校发展，拼搏奋进，不负青春梦，惜取少年时。"学生们在整个学代会召开的过程中，承担责任、发现使命，积极反思自己作为中国的新青年该怎样去思考、研究、奉献、学习。学生们在每一次的交流中，都能更深刻感觉到新时代青年人肩上的担子和使命。

## 第五"yu"：授人以"娱"

孔子说："知之者不如好之者，好之者不如乐之者。""乐以忘忧，不知老之将至云尔。"我们需要把快乐带到学习中，因此我们办学目标的第一句话就是"孩子向往"。孩子如果对学校不向往，对学习不向往，他怎么可能在课堂上有快乐幸福的体验呢？怎么可能由内而外地产生"我要学习""我想学习"的想法呢？怎么可能得到伴随终生的知识和能力呢？我们都知道这个世界上永远不变的，就是"这个世界永远在变化"。因此作为当今时代的老师，我们不得不反思与追问自己这样一个问题：什么样的老师才是好老师？我们可能需要换一种思维观念，给我们的学生带来全新、有趣、开心、快乐、幸福的课堂；我们需要直面、反思、探究现实的教学环节，善于聚焦疑问，在反思研讨中前行。如果老师苦教，学生苦学，甚至软硬兼施，会使我们的师生不堪重负，以至于部分学生考试完之后将所有的书本撕碎抛向空中。这样的表达比地震还可怕，读书人对书本的蔑视是我们教育的失败，所以我们不得不思考，每天坐在教室里等待上课的学生，每天走进教室上课的中小学教师，他们心中能否感觉到快乐与幸福？

卢梭曾说过这样一句话：教育错了的儿童比未受教育的儿童离智慧更远。从某种角度来说，误用光阴比虚度光阴损失更大。因此改变课堂的现状成为我们大家的共识，我们必须研究孩子成长发展的规律，创造孩子喜欢的魅力课堂。所有的课程，无论是国家课程还是地方课程还是校本课程，其实最终都要汇集到课堂中去，所以我们认为课堂教学是一片高地，老师的教育理念、智慧，都需要在课堂这块高地上得到展现，同时也应该得到提升。哈佛大学是世界一流大学，有非常多著名的教授，但是这些著名教授有一个特点，他们始终不离开教室的讲台，就算他们带的学生都是博士、博士后，他们也仍然会抽一定的时间去给普通的本科生上大课，他们认为教授研究的灵感和研究的成果都离不开课堂的教学，同时他们对课堂教学有一个非常生动的比喻，认为好的课堂教学能把学生带到高速公路的"入口"。如果我们的课堂不能把学生送到高速公路的"入口"，只是送到蜿蜒崎岖的乡村小路上，势必会影响学生今后的发展。教育部中学校长培训主任、华东师范大学教授陈玉坤认为，真正的名校基本特征有三点：教师教得轻松，学生学得愉快，考试考得满意。我们希望我们的课堂能够成为这样的课堂，我们的学校能够成为这样的学校。

在当今千变万化的世界，我们必须适应新形势。过去，教师课堂教学的目标更多聚焦在学生能学会什么，但是今天，自主学习和终身学习成为教育发展的趋势，我们的课堂教学目标也应该向如何激发学生的学习兴趣和享受学习过程的方向转变，"我想学习""享受学习"必须成为课堂教学的上位目标。同样，课堂结构也将产生很大的变化，课堂的概念随着新时代的到来已经发生了根本性的变化，课堂的边界被打破，除了教室，只要教与学发生的地方就是课堂。有一年，高一的学生期中考试结束之后，我们带他们去了九寨沟。一般的旅游者都只会在九寨沟里待一天，但是我们决定带领学生两次进入九寨沟。第一天我们感受九寨沟的美丽，感受祖国大好河山的魅力。第二天我们再次进入九寨沟，在那里上了地理课、生物课、诗文欣赏课、美术课等。同学们一边闻着花香，一边听老师讲解，更加能够切身感受祖国的魅力、美好的河山，从心底生出对祖国的热爱。上完课后有同学跟老师说："当我看到真实的岩层、真实的植物后再听老师的讲解，我一辈子都忘不了了。"

我们的课堂教学中还可以让学生借分，什么是借分呢？当学生考试没有达到及格、良好或优秀，或者是没有达到家长期望的分数时，学生可以向老师提出借分，但前提条件是下次必须加倍返还。即当一个学生考试的时候，因为各种各样的原因没有达到自己心目中的分数时，可以向老师借分，老师会根据他的表现借分。如果这个学生已经非常努力了，那么他可以免息借分；如果这个学生平时学习不认真，还有很多潜力可以挖掘出来，那么他需要有利息地还分，利息多少由学生和老师共同约定，老师也会指导学生找到正确的学习方法来提高自己的成绩。

魅力课堂的实践中，我们对课堂的评价也发生了变化，由关注效率转向关注效益，不再一味强调知识点的积累速度，而是转向重视知识与能力系统的构建。教师不再是说一不二的主宰者，而是由学习的主导转向协助，由只会教给学生标准答案转向设计学习过程，让他们积极主动投入教育教学活动中。教学活动是重中之重，而教学活动的设计需要依赖教师教育教能力的提升，教师在课堂上的知识传授要由窄向宽转化、由"死"向"活"转化，由传递知识向多维度探究转化，由解题向解决问题转化，与学生沟通也由面对面转向多维度。课堂上，我们还需要从学生的问题和真实状态出发，确定课堂教学的起点；从学生的心理和精神需求出发，决定课堂教学的内容与方式，让学生的思维真正地动起来。同时，课堂上绝不控制学生的思考，而是充分解放他们的头脑，使他们从容学习。

## 第六 "yu"：授人以"愚"

科学是严谨而周密的，来不得半点儿马虎。我们的学生作为明天的栋梁之才，必将成为科学研究的主力军，因此在中学时代应该养成认真细致的习惯。

现在的学生是数字化时代的原住民，电脑技术非常好，但是他们不愿意在纸上用笔写字，不愿意把自己的思维过程留下来，做数学作业时没有养成准备专门的草稿纸的习惯，试卷的反面、学案的反面、教科书的边边角角都成为他们的草稿本和草稿纸，一道题目如果出现错误想返回去再检查，根本没有办法进行清晰的梳理。因此，我们要求理科作业必须留痕，作业本从中间一分为二，左边按正常卷面的要求书写，右边作为草稿纸书写中间运算步骤以及自己的分析和思考过程，以此来培养学生们做事认真、考虑问题周密细致的习惯，教师还可以从草稿本上分析学生的思维方法是否准确、恰当。

我们有许多同学希望考试取得最好的成绩，希望考试试卷工整，可是在平时做作业的时候，总觉得没有必要写工整。因此有许多同学平常的作业都会做，但是考试总是考不好，其实主要原因有这样几个：第一，因为平时的作业养成了写字马虎的习惯，考试时想把试卷写工整是不可能的。第二，平时做作业的时候遇到不会做的问题，随手把书打开去查找书上的概念，或者上网搜索正确答案，或查找书上的例题照葫芦画瓢，没有真正掌握解题所需要的知识。第三，平时做作业的时候拖拖拉拉，往往半个小时的作业要做一个小时甚至两个小时，掌握不好做题的时间，养不成良好的思维习惯和做题习惯，因此考试时就不可能取得好成绩，这也是我们要求学生把做作业当成考试的原因。

由此，我们建议同学们做作业的时候，写上开始的时间和结束的时间，并且做作业之前先把学过的内容认真复习一遍，一旦开始就必须闭卷完成。

对于不会做的题目，必须学会放弃，写完作业之后可以再查找资料，或者与同学们讨论，思考这些题目不会做的原因。如果还有时间可以第二次打开作业，闭卷独立完成刚才不会做的题目。经过多次反复，同学们在做作业的时候，面对出现的新概念，不会只想求助于书本，而是愿意独立思考分析，提升面对困难的勇气和能力，也使自己的坚毅品质得到提升。而坚毅品质是走向成功的七大要素之一，如果学生拥有了这一品质，他们在今后的人生道路上遇到困难时，将更加充满信心，更加不容易被困难打倒，他们的学习经历也将为他们的人生添光加彩。

下面介绍一种数学科目的练习方法：三色笔、三本（草稿本、试卷更正本、数学心得本）练习法。学习数学时，我们要求学生准备三种颜色的笔和三种不同的本子。同学们自己看书时，用红色、黑色或者蓝色的笔针对不同的内容在书上做出不同的记号。同时学生要准备草稿本、试卷更正本和数学心得本，对自己的思维过程进行反思和总结。学生做完作业或者试卷之后老师会进行批阅，批阅完讲解的时候，我们会引导同学们思考这样几个问题：这道题老师是想考察我们什么？我们需要怎么做？这道题我虽然做对了，但是是否还有更好的方法？这道题做错了，为什么会错？错在什么地方？什么原因让我出现了这样的错误？今后我怎样才能避免这种错误的再次发生？总之，我们希望学生不是题目的奴隶，而是题目的主人，希望学生能通过学习数学，提升自己的思维能力水平。

## 第七 "yu"：授人以 "遇"

我们伸出一只手来，五根手指有长有短，有胖有瘦，但是每一根手指对我们都有不同的作用，我们不能因为小拇指又瘦又小，就认为它没有用，学生也是如此。我们常常可以在学校听到老师们调侃：我们班某某除了成绩不好，其他什么都好……这其实说明：每个学生都有自己的特长。我们相信每一个学生都是向上的、向善的，都希望自己能够得到老师和同学们的认可，也希望得到集体的接纳，因此我们实施了项目负责制，让每一个学生都担任班干部、担任某一个项目的研究员。比如数学课，我们轮流请每一个同学担任数学班长，负责收数学作业、总结同学们数学课的表现情况、收集同学们不会的问题向老师汇报等。

实施项目负责制，可以让每一位同学去管理一个项目，同时也为每一位同学服务。也在每一时刻、每一项目中，被其他同学管理，得到其他同学的服务。同学们在管别人和被别人管之间，将逐渐找到适合自己的位置。因为我们的学生最终都将进入社会，成为社会人，所以我们的学生首先要学会与人交往。实施项目负责制一段时间之后，有一个学生在《梦想管理手册》中这样写道："我们班实施项目负责制之后，我有这样一个感觉，如果我们身边都是没有用的野草，那我们被草包围，我们就成了草包；但是如果我们身边的同学都是宝贝，那我们就成了聚宝盆，我们就可以非常完美地完成项目。"因此学生们在项目实施的过程中应学会正确与人相处，大家在项目合作中互相成就，人人为我，我为人人。

## 第八"yu"：授人以"誉"

我们需要给予每一个学生精神层面的赞誉，因此我们要求每个人每个学期至少要上一次光荣榜。刚开始实施时，有一些班主任觉得非常苦恼，认为班上的学生表现不太好，有些还很调皮，没有办法找到他们的优点。但是通过不断仔细观察，不断交流，我们的老师学会了用放大镜去看学生的优点，用望远镜去看学生的缺点，用显微镜去分析学生的具体情况。

我们在进行年轻人论坛工作交流的时候，有一位年轻老师特别有感触地说："这几年班主任工作的实践和锻炼，大大改变了我刚走出学校时的想法。当我弯下腰足够尊重我的学生的时候，我看到了另外一种风景，真的每一个学生身上都会闪光，也许他发出的不是钻石的光，但是也是他自己最独特的光芒。作为老师，我们最重要的是发现每个学生心中美好的希望，发现最适合他的学习方法，发现最适合他的发展方式，发现他的特点与特长。"

我们的老师都认同能教好学生的老师才是好老师，但是我们真的能点石成金吗？事实上，特级教师也不可能把所有的学生都变成清华、北大的学生，但是他可以让每一个学生都在原来的基础上取得最大的进步。因此，老师首先要有一双慧眼，能去鉴别学生是钻石、石头，还是其他质地的宝贝，帮助每一个学生成就自己的灿烂人生。

老师怎样让学生成为最好的自己呢？激励教育就是一种有效的途径，上数学课的时候，我经常会准备一些小纸条，写上各种各样激励学生的话，比如"今天你积极举手发言了，为你点赞""今天我发现你特别认真关注其他同学的发言，而且敢于提出自己的想法""今天你的作业非常工整"……这一张张小纸条，可能让一个个学生从此发生改变。

## 第九 "yu"：授人以 "屿"

人的一生不可能一帆风顺，学生在成长的道路上也必须经历挫折教育，这是他们人生的必修课，他们都应学会忍受痛苦，学会克制忍耐。

真正的成长是一个从任性到克制的过程。在教育教学工作中，我们需要给学生提供体验失败的机会。在考试中，要让同学们树立正确的输赢观。在教育教学活动中，要让同学们能够感受到成功与失败，经受应有的挫折教育。当学生遇到挫折时，老师首先需要在情感上给予支持，关注正在发生的事情，认同学生出现的情绪，表达对学生的理解，要让学生明白，挫折来时要挺身面对，做一个乐观向上不退缩的人，勇敢去接受人生所有的挑战。

学生还有一个月就要参加毕业考试、中考或者高考时，我们常常会带学生去登山。登顶后同学们围坐一起回忆登山的过程，从山脚到山腰，虽然浑身无力快要失去信心，但是在同伴的帮助下坚持克服困难最终登顶成功，得以与同学们一起享受着登临山顶的成就感。一位成绩比较差的体重近 160 斤的同学感慨地说："我曾经丧失了信心，以为自己不可能登顶。但是我旁边的同学拉着我的手、推着我往前走，我这么胖的一个人也登到了山顶，让我相信了相信的力量。今天登山我的确非常累，但是到山顶之后，我又充满了信心。我上次考试没有考好，就像我刚才快到山顶一样，其实是对我最好的考验。我知道考试失败是我学习路上的绊脚石，但是有同学们和老师的帮助，我一定会跨过这块石头，那么绊脚石就成为我的垫脚石了。今后我将充满信心，快乐开心地学习，迎接我的高考，迎接我的人生，只要我坚持下去，我一定会攀登到人生的顶峰。"

## 第十"yu"：授人以"宇"

无论是老师还是学生，无论是工作还是学习，如果我们能够顿悟人生的智慧、顿悟宇宙运行的智慧，感悟人存在的价值，那么我们将生活、工作、学习得更加快乐和幸福。

每一个月我们会抽一天时间让同学们互相交换作业本做作业，让同学们可以从其他同学的作业中发现别人的优点。这个活动进行了一段时间以后，有一个平时做作业特别不认真的学生悄悄跟老师说："以后我一定要认真做作业，因为我的作业本会传到别人那里，我可不愿意让别人说我做作业不认真，让别人看我的笑话。"其实每个学生心中都住着一个向上的"我"，大家在互帮互助的环境中，既学到了别人的优点，也看到了自己的不足，真正在集体的活动中获得了成长。

芬兰的教育是世界上最好的教育之一，他们的总理曾说过这样的话："给孩子最好的教育就是给他最好的人生。"我们认为，给孩子最好的教育，首先要让学生自然成长。我们开设了只有第一志愿的选修课，成立了只有第一志愿的社团，每一个学生到学校之后，无论他原来表现如何，都可以在学校找到他最爱的一门功课和一个社团，无论他原来受过多大的挫折，他都可以得到激励，找到自己的舞台。我们从来不纯粹依靠成绩给学生排名，而是实行多元评价激励其成长。在学生的成长过程中，家长和老师尤其需要关注以下几点：第一，需要点燃一束火焰，启迪学生自己成长，每一个学生都拥有导师的激励。第二，在学生的人生之路上，我们还需要敲打一块燧石，引领学生自由成长。每一个学生都将在合作学习小组中成长，"三人行必有我师""大家好，才是真的好"。第三，在学生的成长之路上，我们最终都将推开一扇大门，促进学生自觉成长，为此我们开展了"我的梦想我做主，我的梦想我管理"等系列活动，让每一个学生都有担任干部的经历和体验，都有一门艺术特长和一门体育特长，在学校都参加一个以上的社团，每一个学年至少参加一次游学活动……以便让学生们在集体中成长，在活动中领悟人生的真谛。

# 后记

　　"教师不能只做传授书本知识的教书匠，而要成为塑造学生品格、品行、品位的'大先生'。"习近平总书记的这句话直指教师这一职业的成长目标——"大"。北京实验学校教育集团校长曾军良认为教师应该有"丰厚的精神"和"增长的智慧"，并提出了教师应追寻的理想——"魅力"。那么，什么样的教师是"魅力"教师呢？答案是这样的：构造"一方池塘"，服务孩子"自然成长"；点燃"一束火焰"，启迪孩子"自己成长"；敲打"一块燧石"，引领孩子"自由成长"；推开"一扇大门"，促进孩子"自觉成长"。能像这样引领孩子由自然成长走向自觉成长的教师即是"魅力"教师。

　　随着国民文化水平和教育水平的提升，教师越来越成为一个专业度极高的职业。在遇到成长瓶颈时，除了请教其他教师外，通过读书学习去解决问题也是教师们普遍采取的方法。目前针对教师成长的理论性书籍较多，出自学校的实践类书籍却十分稀少。本书的思想和观点，大多来自北京实验学校"提升教师专业成长"项目长达九年的实践研究，希望本书的出版能给教育界同人提供借鉴。

所有希望自己或者所在学校的教师能成为魅力教师的人，应一起持续关注教师的成长问题。社会的进步、民族的发展、世界的未来需要魅力教师，需要他们向周围的世界和独具特色的学生们敞开心扉；需要他们以激情澎湃的精气神来挖掘学生的潜能；需要他们尊重和激励每一位学生，助推学生们走向美好的未来。

感谢曾军良校长；感谢践行魅力教育的所有同人；感谢北京实验学校为魅力教育努力奋斗的教师们；感谢廖向群、张峡光、吴伟、武春静、史希慧、张晓龙、张丕学、多丽娜、周清华、马惠玲、李银乐、孟强、王亮雪、史艳枫、赵莲君、刘少伟、李怡、邹雅婧、刘军、胡晓静、李倩楠、鹿丁红等老师的帮助与付出；感谢默默帮助过我们的所有同人和朋友……

虽然不确定本书是否可以帮助您解答所有疑惑，但希望您可以将本书视为一本常读常新或可以随时翻阅的工具书，能从中得到一些启发和思考！

由于时间仓促，本书难免存在不足之处，谨请您不吝指正。相信有了您的支持和厚爱，魅力教师会越来越多！

罗霞

2021 年 10 月